월 1000만 원 수익 내는
ebay의 핵심 팁 37가지

생초보 이베이
하루만에 끝장내기

월 1000만 원 수익 내는 ebay의 핵심 팁 37가지
생초보 이베이 하루만에 끝장내기

초판 1쇄 인쇄 2025년 5월 23일
초판 1쇄 발행 2025년 6월 6일

지은이 금교성

발행인 백유미 조영석
발행처 (주)라온아시아
주소 서울특별시 서초구 방배로 180 스파크플러스 3F

등록 2016년 7월 5일 제 2016-000141호
전화 070-7600-8230   **팩스** 070-4754-2473

값 18,500원
ISBN 979-11-6958-212-4   (13320)

라온북은 독자 여러분의 소중한 원고를 기다리고 있습니다. (raonbook@raonasia.co.kr)

ebay For Beginners

월 1000만 원 수익 내는
ebay의 핵심 팁 37가지

생초보
이베이
하루만에
끝장내기

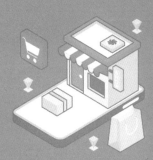

금교성 지음

하루
30분 투자로
성공하는 이베이
비즈니스

매출을
5배로 올리는
노하우

이베이 성공의
키 포인트
완벽 수록!

ebay

트럼프 2.0시대를 넘어서는 글로벌 셀러를 위한 강력한 플랫폼,

ebay로 전 세계 무역장벽을 뛰어넘어라!

RAON
BOOK

RAON
BOOK

글로벌 셀러를 꿈꾸는 이들에게 제시하는
단단하고 믿음직한 기준점!

이 책을 처음 쓰기 시작했던 건 2023년이었다.

그때 나는 "내가 걸어온 이 길을 누군가는 조금 더 수월하게 걸었으면 좋겠다"라는 마음으로 글을 쓰기 시작했다.

낯선 플랫폼, 익숙하지 않은 언어, 그리고 불확실한 수익 구조 속에서도 이베이라는 무대에 뛰어들었던 2007년의 나 자신을 떠올리며, 그보다 조금은 나은 안내서가 되어주고 싶었다.

그리고 지금, 2025년이 된 이 시점에서 나는 그때와는 또 다른 마음으로 이 서문을 다시 쓰고 있다.

전 세계 경제는 여전히 긴장을 늦출 수 없고, 무역 장벽과 각국의 보호무역주의는 강화되고 있다.

하지만 바로 그런 환경 속에서 오히려 개인 셀러의 강점은 더욱 빛을 발휘하고 있다.

기업 간 대량 거래나 통관 협정이 예민하게 조정되는 시대에, 개인 셀러는 소량 직배송이라는 특수성과 유연함으로 각국의 무역 장벽을 비교적 수월하게 넘나들 수 있다.

관세 기준을 넘기지 않고 통관 문제가 없는 상품 선정, 실사용자에게 바로 도달하는 유통 구조, 그리고 현지 유통망을 거치지 않고 판매자와 구매자가 직접 연결되는 구조 덕분에, 이베이 같은 플랫폼에서 활동하는 셀러는 지금 그 어느 때보다 유리한 위치에 서 있다고 생각한다.

여기에 더해, 한국 제품에 대한 글로벌 바이어들의 선호도 역시 눈에 띄게 높아졌다.

예전에는 한국 제품이 '가성비 좋은 대안' 정도로 여겨졌다면, 지금은 '믿을 수 있는 품질과 감성', 'K-문화와 함께 성장한 브랜드 가치'로 평가받는다.

이는 단지 대기업 제품만의 이야기가 아니다.

국내 중소 브랜드, 기능성 소비재, 디자인 소품, 뷰티, 생활용

품까지도 전 세계 바이어들이 검색하고, 구매하고, 재구매하는 흐름 속에 있다.

나는 지금도 이베이에서 활동하는 현직 셀러다.

새로운 정책이 발표되면 가장 먼저 경험하고, 계정의 작은 변화에도 반응한다.

그래서 이 책은 책상 위에서 이론만으로 쓴 글이 아니다.

하루하루 실전에서 얻은 노하우와 시행착오, 그리고 그 속에서 쌓인 감각을 기록한 글이다.

지금 막 시작하려는 사람에게는 돌다리처럼 단단한 출발점이 되었으면 좋겠고, 이미 이베이에서 활동하고 있는 셀러들에게는 흔들릴 때 다시 중심을 잡아주는 기준점이 되었으면 좋겠다.

나는 여전히 완벽한 셀러가 아니다.

하지만 이 플랫폼이 어떻게 돌아가는지, 어떻게 꾸준히 살아남을 수 있는지, 그리고 어떻게 한 계정을 성장시켜 하나의 '가게'로 키워갈 수 있는지에 대해 누구보다 오래, 누구보다 가까이에서 지켜보고 경험해왔다.

그 경험을, 지금 이 시점에서 다시 정리해 독자에게 건넨다.

2025년의 글로벌 셀링 환경에서 살아남고 싶은 모든 이들에게 이 책이 현실적인 지도이자, 든든한 동료가 되어 주기를 바란다.

— 금 교 성

Contents

- **프롤로그** 글로벌 셀러를 꿈꾸는 이들에게 제시하는
  단단하고 믿음직한 기준점!   004

Chapter.1 이베이 하루 30분만 투자하라
: 월 1000만 원 수익의 비밀

1. 결제 후 3일내 입금의 힘   015

2. 99% 셀러가 모르는 무재고 판매 가능한 이베이   021

3. 국내 택배 1일 배송으로 000만원 벌었다(상품조달의 용의성)   026

4. 해외 판매 플랫폼 중 가장 셀러 친화적인 이베이   033

5. 하루 30분만 투자하여 광고와 리뷰 싸움 없는
   이베이에서 성공하라   038

6. 지금처럼 한국 제품에 관심이 모인 적이 없다   043

7. 수출업체, 무엇이 유리한가?   051

8. 하루 30분도 쓸 시간이 없다는 당신에게   057

Chapter.2 하루 30분, 이베이가 바꾼 내 비즈니스
: 이베이 강점 활용 성공 에피소드

1. 적은 자본으로 리스크 없이 큰 사업체를 만들 수 있는 이베이　067

2. 수요가 몰리는 곳에 기회가 있다　073

3. 지속적인 재구매 고객은 B2B로 연결하여
   더 큰 매출로 연결할 수 있다　080

4. 메시지 응대가 기본인 이베이,
   '한국 온라인 시장과의 차이점'으로 변경　086

5. 레드오션, 비즈니스 효율화로 넘어서라　093

6. 이베이 코리아 판매지원센터를 적극 활용하라　099

Chapter.3 이것만 해도 매출 5배 오른다
: 하루 30분 이베이 Start!

1. 이베이 정책 이해 (하라는 대로 하라)　107

2. 상품선정 고민할 때, 일단 다 등록해라　111

3. 상품 등록에 목숨 걸되, 효율도 놓칠 수 없다　115

4. 해외바이어 응대 핵심
   : 유연하게 대처하되 빠른 답장을 위해 유형별 답을 준비　120

5. 모든 셀러들의 고민, 언어? : 우리에겐 AI 번역기가 있다　125

6. 상위노출을 위한 키워드 최적화 : 상품명부터 설명까지　130

7. 초보셀러, 셀링 리밋을 뛰어넘어라　135

8. 아! 반품 반품 반품 : 반품 대처 기본기　141

9. 1인 사장을 넘어야 한다　146

10. 반품 사기, 빈 박스 수령 사기, 악성 바이어 대처법　151

Chapter.4 하루 만에 끝장내는 이베이의 키포인트

1. 페이오니아 결제 수단을 이해하라　　　　　　　　　　159

2. 꾸준한 계정 관리의 중요성　　　　　　　　　　　　164

3. 이베이와 타 플랫폼의 차이 (아마존, 쇼피파이, 자사 영문몰)　168

4. 글로벌 셀러이지만 판매하지 않는 국가 (상품별 타깃국가 설정)　173

5. 해외 바이어는 어떤 사람들인가? (국가별 바이어 특성 설명)　178

6. 팔면 안 되는 물건을 아는가? (무역 장벽, 수입금지 품목 등)　184

7. 플랫폼에 소중한 존재가 되자　　　　　　　　　　　189

13:55
eBay online
selling
eBay Mobile
Contains ads
40 MB
ebay

ebay

ebay

Chapter.1

이베이 하루 30분만 투자하라 : 월 1000만 원 수익의 비밀

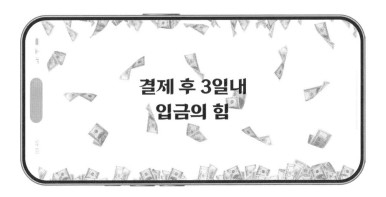

결제 후 3일내
입금의 힘

◆ 가장 중요한 것은 현금 흐름

2023년 지금은 어느 때보다도 안정적인 현금 흐름과 리스크 관리가 중요한 시기다. 금리가 가파르게 오르면서 빚을 내어 사업을 시작하기가 어려워졌다. 2023년 2월 기준 4대 은행의 연체율은 전년 대비 2배가 늘었고, 자영업자의 대출 연체 증가율은 가계 기업을 통틀어 가장 높아졌다. 중소기업들의 상황도 마찬가지다 대부분이 신용 대출인 기업 대출의 경우 담보 대출이 많은 가계 대출보다 금리 인상의 영향을 직접적으로 받아 부담이

배로 더 커지는 상황이다. 영업 이익으로 대출 이자 정도만 겨우 감당하던 한계기업들의 경우 내년 중에 무더기로 부도가 예상된다는 기사도 보인다. 돈이 돈을 버는 세상이지만 지금은 무리하게 빚을 끌어 투자나 사업을 시작하기에는 리스크가 너무 커진 세상이 되었다. 지금은 고정지출을 최대한 줄이고 리스크를 관리해 작은 내실들을 모아나가야 한다.

국내 온라인에서 신발을 판매하는 내 지인의 경우 판매가 잘 되어도 걱정, 안되어도 걱정이라고 한다. 신발이라는 아이템의 특성상 종류별 색상별 사이즈를 모두 구비해 놓아야 하는데 여기에 드는 재고비용이 무시할 수 없는 수준이기 때문이다. 장사가 잘되어도 재고를 구비야 놓아야 판매가 잘 되기 때문에 항상 현금이 빠듯하다. 물론 재고가 곧 돈이며 판매가 되면 이익으로 바뀔 것이지만 당장 현금이 돌아야 하는 상황이 된다면 쌓이는 재고가 달갑게만 느껴지기가 어려울 것이다.

게다가 늦은 정산은 판매자를 더 힘들게 만든다. 일반적인 국내 온라인 플랫폼들은 2주 정도의 정산 주기를 가진다. 쿠팡은 유독 정산이 늦어서 최대 60일 이상이 걸리고, 해외 온라인 플랫폼들도 정산이 빠르면 2주 혹은 그 이상 걸리는 경우도 잦다. 갑자기 인기 품목 판매가 늘어 재고가 부족해지는 상황에 정산일은 아직 멀었다면 판매자는 난감한 상황에 봉착하게 된다. 내 지인은 계속해서 정부 지원 사업자 대출을 알아보고 있다.

◆ 종잣돈이 없어도 있는 것처럼

이런 상황에 이베이는 상품 판매가 되면, 바로 다음날 정산을 받을 수 있다. 구매자가 결제를 완료하고 24시간 후 이베이는 수수료를 제외한 판매 금액을 페이오니아 가상계좌로 송금한다. 그리고 한국의 계좌로 출금을 하면 다음날 오전 11시, 한국의 계좌로 입금이 된다. 배송 여부와 관계없이 구매자 결제 후 선 정산이 원칙이다. 이 원칙은 이베이가 생긴 이래 바뀌지 않고 있는 이베이만의 강점이며 오히려 갈수록 정산 주기가 더 짧아지도록 시스템이 변경되고 있다. 이런 예상 가능한 자금 회전을 기반으로 우리는 종잣돈이 없더라도 효율적인 자금 관리를 통해 매출을 일으킬 수 있고, 계속적인 회전을 통해 큰 레버리지를 일으키는 것과 같은 효과를 낼 수 있다. 이것이 우리가 주목해야 할 이베이 시스템의 핵심이다.

짧은 정산 주기는 우리가 큰 종잣돈을 가진 사람들과 동등한 선에서 출발할 수 있게 하는 좋은 무기이다. 판매 초기 하나, 두 개씩 판매될 때는 이것이 상관이 없다면 판매가 늘어 가지고 있는 현금만으로는 충분한 재고 사업이 어려울 때가 생기는데 이베이의 경우 빠른 정산이 되므로 대출을 하지 않아도 되기 때문에 금융 비용을 걱정하지 않아도 되고 이론적으로는 적자 판매를 하지 않는 이상 계속해서 판매가 일어나 자금이 계속 돌고 돈다면 우리는 리스크 없이 돈을 벌 수 있다.

◆ 작은 출발 큰 가능성

당신에게 여유 자금이 있더라도 처음에는 일부러라도 작게 시작하는 것을 권한다. 시작하는 규모가 작다고 그 사업이 가진 가능성이 작아지는 것이 아니고, 만약 방향성이 잘못되었다고 느꼈을 때 최소한의 손해로 방향성을 바로잡거나 유턴을 할 수도 있다. 작은 출발의 방향성을 봤을 때 이베이만큼 잘 맞는 플랫폼이 없다. 시작은 작게 가능하며, 전 세계 마켓 타깃이기 때문에 만약 잘 될 경우에는 아웃풋의 가능성이 상방으로 뻥 뚫려 있다. 이만큼 사업이 출발에 비해 가능성이 무궁무진 플랫폼은 이베이뿐이다.

◆ 최소한 빚지고 망하지는 않는다

그동안 이 일을 하면서 많은 사람들을 봐왔다. 중국에서 사업하다 망한 사람. 일본에서 브랜드 상품 가져오다 세관에서 다 압류된 사람, 제조하다가 말아먹은 사람, 규제법이 바뀌면서 주력 아이템을 잃고 접은 사람, 진상들에게 시달려서 고생 중인 사람 등등 봐왔다. 항상 느끼는 것은 과한 욕심을 부리지 않고 현금 흐름과 돈이 나갈 곳을 정확하게 알고 있어야 돈 사고가 나지 않으며, 과한 투자는 항상 탈이 난다는 것이다. 한번 일이 꼬여 결제 대금이 밀리거나 이자 납입이 잠시 밀렸을 때 불행의 도미노는 시작되었다. 한번 떨어지기 시작한 신용등급은 계속해서 발목을 잡기 때문에 항상 주의해야 한다.

이런 점에서 이베이의 빠른 정산 시스템은 적은 종잣돈을 효율적으로 굴리기에 가장 적합한 해외 온라인 플랫폼이며, 한국의 해외 판매를 고려하는 예비 판매자들에게 가장 권하는 플랫폼이다. 당신이 초반 시작 자금을 적게 생각하고 있을수록 더더욱 적합하다. 왜냐면 극단적으로는 무자본 무재고로 시작이 가능하기 때문이다. 여기에 안정적으로 판매가 시작되기 시작하면, 어떤 상황에서도 월세와 공과금이 밀리지 않고, 공급업체에 대한 납품 대금이 밀리지 않으며 직원들의 급여가 밀리지 않을 수 있다. 이것은 너무나도 당연한 일이면서도 지키기가 쉽지 않은 일이라는 것을 사업을 해 본 사람은 모두 알 것이다. 안정적이고 빠른 자금 회전은 그것만으로도 이베이 플랫폼을 시작할만한 충분한 이유가 된다. 지금 당장 이베이를 시작하라.

2

99% 셀러가 모르는
무재고 판매 가능한 이베이

◆ 남의 돈으로 하는 사업

만약 남의 돈으로만 사업을 할 수 있다면 어떨까? 단순 수익률만 계산하자면 내 돈이 전혀 들어가지 않으니 수익률이 무한대인 사업일 수 있다. 원가 계산만 잘 된다면 손해 볼 일이 없으며, 재고를 둘 필요도 없다. 집에서 내 컴퓨터로 시작한다면 고정비용이 전혀 없으니 언제 사업을 중단하더라도 아무런 빚이 없는 사업이 있다면 도전해 볼 만하지 않을까? 누군가에게 투자를 받는다든가, 돈을 빌려서 하는 사업을 말하는 것이 아니다.

신용카드 결제 주기와 이베이 정산 주기를 이용한 무위험 판매 방식이라고 설명할 수 있다.

이베이로 판매를 하고 신용카드로 상품 매입을 하면 위와 같은 구조를 만들 수 있다. 상품이 판매되면 즉시 신용카드로 상품을 매입한다. 상품을 발송할 때도 신용카드로 배송비를 결제하고, 수수료가 제외된 결제금액이 입금되면 결제한 신용카드 금액을 선결제한다. 그리고 이 방법을 끊임없이 반복한다는 간단한 과정이다. 이것을 하루에도 수십 번씩 반복한다. 내가 알고 있는 가장 안전하고 위험요인이 적은 사업 구조이다.

신용카드 결제 주기는 1달인데, 일반 오픈마켓 정산 주기는 2주이니 결제 주기는 다른 플랫폼도 비슷하지 않냐고 물을 수 있다. 이베이가 특별한 지점은 빠른 선결제를 통해 계속해서 레버리지를 만들 수 있다는 것이다. 신용카드의 한도는 유한하며 몇 개의 신용카드를 만든다고 해도 전체 이용 한도에는 제약이 있다. 하지만 이것을 무한하게 하는 것이 빠른 정산을 통한 선결제이며, 판매가 지속된다면 계속해서 자금 회전을 할 수 있다.

◆ **무재고 판매 방식의 장점**

내가 처음 이베이를 구매대행 방식으로 판매를 시작했을 때는 수중에 채 100만 원이 없었다. 그래서 선택의 여지가 없이 무재고 방식의 판매를 시작했었다. 이때의 나는 어차피 내 돈이 전혀 들지 않기 때문에 100원만 이득을 봐도 이를 계속해서 반복하면 무조건 된다는 생각이 가장 컸다. 판매가 발생했을 때의 판매 수수료만 계산하면 되기 때문에 판매가 일어나지 않으면 고정으로 발생하는 비용은 이베이 스토어를 유지하는 월 판매자 계정 비용 34불뿐이었다. 당시에 나는 신용카드 월 한도가 300만 원이 채 되지 않는 상황에서 3,000만 원이 넘는 매출을 올렸는데, 이것이 가능했던 이유는 이베이의 빠른 정산 덕분이며, 다른 플랫폼이었다면 불가능했을 것이다. 본인 돈이 들지 않고 판매가 일어나는 한 한계 없이 판매가 가능한 사업이라는 것이 최고의 장점이다.

◆ 무재고 판매 방식의 단점

　하지만 분명 단점도 존재한다. 한 건 한 건 대응해서 신용카드로 주문만 하다 보면 규모의 경제를 달성하기가 어렵다. 인터넷에서 1개를 사입하는 것보다, 도매 판매처를 통해 10개, 100

개를 사입하는 것이 당연히 개당 사입 가격을 낮춰 마진을 높이는 데 더 유리하다. 우리가 사업을 하면서 돈을 많이 번 후에는 이렇게 사입 가격을 낮춰 마진을 늘리는 시도를 하는 것도 좋은 방법이다. 다만 우리나라는 워낙 판매 경쟁이 치열한 시장이라 원 도매상인, 중 도매상인, 도 도매상인이 모두 온라인 시장에 진입해있을 가능성이 크다. 도매 가격에 큰 차이가 없으면서도 1개씩 개별 발주가 가능한 도매처도 많고, 워낙 가격 경쟁이 심해 거의 도매 가격에 개별 판매를 하는 일반 판매자도 있다. 신문에서 하는 말처럼 우리나라는 도소매 시장이 무너진 시장이기 때문에 가성비를 찾는 똑똑한 소비자들에 발맞춰 온라인 최저가 경쟁이 피 튀기는 곳이 되었다. 레드오션과 다름없는 시장 상황이 국내 판매자들에게는 커다란 단점이지만, 국내 상품을 해외에 판매하려는 우리들에게는 기회이며, 사입 가격의 차이가 큰 단점으로 와닿지 않게 된다.

◆ 둘 다 하면 된다

우리는 리스크가 전혀 없는 무재고 판매 방식이라는 꽃놀이 패를 이미 알고 있다. 그렇기 때문에 이 꽃놀이패를 쥔 채로 유리한 쪽으로 판매를 할 수 있다. 판매량이 적으면 계속해서 무재고로 건별로 주문을 해서 판매를 하고, 특정 상품의 판매가 꾸준히 이어진다면 우리는 재고를 구비할 만큼의 가격 경쟁력이 있는 공급업체를 찾으면 된다. 이 책의 내용들은 내가 겪었던 과정들을 진솔하게 알려주는 것들이며 지금도 내가 현업에서 계속해서 이용하는 방법들이다. 나처럼 무일푼으로 시작하는 사람들은 최대한 적은 자금을 효율적으로 굴리는 방법이 맞을 것이며, 이미 본인의 아이템이 있는 현업 판매자들은 큰 비용 없이 판매 아이템을 늘릴 수 있는 좋은 팁이 될 것이다. 판매방법론은 판매자의 상황에 따라 판매방법이 달라지기 때문에 어떤 방법이 최고의 방법이라고 정해질 수 없다. 판매자의 상황에 맞게 유리한 방법을 취해 판매하는 데 도움이 되길 바란다.

국내 택배 1일 배송으로
000만원 벌었다(상품조달의 용의성)

　이 항목은 내가 생각하는 소자본 무재고 비즈니스를 위한 가장 중요한 두 가지 요소 중 하나이다. 하나는 1-1장의 빠른 정산 시스템이며, 이 장은 무재고 판매를 가능하게 하는 빠른 조달을 위한 한국의 택배 물류에 관한 이야기이다. 이 두 가지 요소로 인해 택배가 닿는 전국 어디에서나 컴퓨터만 있다면 이베이 플랫폼을 통해 전 세계로 비즈니스를 시작할 수 있다.

◆ 저렴하고 빠른 국내 택배

한국처럼 국내 물류 서비스가 저렴하고 빠르고 전국을 커버하는 나라는 한국뿐이다. 단돈 3,000원에 어제 주문한 물건을 다음날 문 앞에서 받아볼 수 있는 나라는 없다. 여기에는 여러 가지 요인들이 겹쳐 있는데, 기본적으로 국토가 좁은 것 그리고 빠른 초고속 인터넷 활성화로 인해 전자상거래 시장이 일찍부터 발달했고, 수도권 광역시 인구 밀집으로 물류 효율화가 가능했으며, 물류 기업들의 과점으로 가격과 서비스 경쟁이 심화되어 지금에 이르게 되었다. 여기에 한국인 특유의 빨리빨리 문화와 더불어 성격 급한 구매자들의 니즈에 맞춰 주문 당일 발송, 익일 도착이 당연한 것처럼 굳어졌고 택배를 문 앞에 두고 가더라도 걱정 없이 물건을 수령할 수 있는 성숙한 시민의식이 더해진 결과이다.

코로나로 인해 비대면 배송이 자리 잡고 모바일 구매가 중·장년층에게까지 일상화되면서 근 2~3년간 택배 수요는 더 폭발했고 여기에 쿠팡의 로켓 배송까지 가세하면서 한국의 물류 시장은 양과 질이 모두 성장하고 있다.

CJ 대한통운이 전체 물량의 50% 이상을 독식하던 과점시장도 지금은 완화되어, CJ 대한통운, 한진택배, 롯데택배, 로젠택배, 우체국 택배 등이 점유율을 나눠 가져가고 있다. 이로 인해 파업이나 명절 물량 쏠림으로 인한 배송 지연도 많이 줄어들었으며 오히려 시장이 재편되면서 다시 한번 물류 업체 간 경쟁이 시작될 것이라 보는 견해도 있다.

물류회사들이 국내 택배 시장이 레드오션인 데다, 수익이 크지 않음에도 불구하고 사업을 유지하는 이유 중 하나는 대부분 대기업 계열사이며 모기업이 물류 주도권을 놓으려 하지 않는다는 사업 구조적 이유도 있다. 모기업의 다른 B2C 계열사들과의 시너지가 있어 물류회사를 유지하는 목적 또한 있기 때문에 한국의 물류 시장 레드오션 상황은 크게 변하지 않을 것이다.

◆ 이베이 평균 배송 준비시간 2~3일

이베이에서 배송 준비 시간을 설정할 때 1일부터 45일까지 판매자가 자유롭게 선택할 수 있지만, 이베이가 안내하는 평균적인 배송 준비 시간은 2일, 혹은 3일이다. 기본적으로 주문을 받고 상품을 배송할 때까지 2~3일이 소요되는 것이 기본인 것이다. 아주 느긋하고 인간미가 넘치는 곳이 아닐 수 없다. 여기에 미국의 넓은 땅덩이는 미국 내 배송 서비스마저도 보통 4~5일이 소요되게 만들므로, 페덱스와 같이 특송 서비스를 사용할 경우, 한국에서 주문을 받아 미국 주소로 발송하는 것과 전체적인 배송 소요시간은 거의 동일하다고 볼 수 있다. 우리가 조금만 부지런히 움직인다면 이베이로 주문을 받는 즉시 한국에서 상품을 주문하고, 다음날 택배를 받아 특송화물을 통해 발송할 경우, 미국 현지의 판매자와 똑같은 배송시간으로 미국 바이어들에게 판매를 할 수 있다. 나의 경우 많은 구매자들이 빠른 배송에 대한 고마움을 피드백 메시지에 남긴다. 이런 평가들은 다른 구매자들의 구매로 이어지는 선순환 역할을 한다.

(페덱스, DHL, UPS와 같은 특송 서비스의 경우 미국까지 평균 3-5 영업일, 일반적인 해외 소포 서비스의 경우 미국까지 평균 8~10 영업일이 소요된다. 국제 특송 서비스는 접수하면 사무실로 직접 가지러 오며, 해외 소포는 하루 이틀 정도 모아서 집화소로 따로 보내거나 우체국을 통해 발송하는 경우가 많다.)

◆ 완벽에 가까운 환경

위에 설명한 환경들을 종합했을 때, 택배 수령이 가능하고 해외배송 접수만 가능하다면 전국 어디에서라도 이베이 셀링을 시작할 수 있다. 집에서 아무런 자본 없이 신용카드 한 장과 컴퓨터만 있다면 전 세계 시장을 타깃으로 사업을 시작할 수 있는 것이 이베이라는 플랫폼의 장점이다. 당신이 알지 못했을 뿐, 모든 환경이 한국에서 이베이 셀링을 시작하는 것이 가장 효율 좋은 선택지 중의 하나라는 것을 가리키고 있다.

이베이를 통한 한국 셀러들의 실적이 매년 호조를 보이기 때문에 이베이 코리아 또한 적극적으로 신규 셀러들을 모집하고 있다. 이베이 코리아가 처음 신규 셀러 모집을 시작했을 때는 필터링 없이 초보 셀러들이 마켓에 쏟아져 들어왔고 지금에 비하면 부족했던 교육 환경, 그리고 영어만 지원하던 다소 불친절한 이베이의 셀러CS로 인해 제대로 초보 셀러 육성이 되지 못했던 시기도 있었지만, 지금은 이베이 코리아도 초보 셀러 육성에 대한 체계가 생겼고 공식 채널에서 초보자 가이드 및 한국어 셀러 CS를 완벽하게 지원하며 온라인 교육 또한 빠짐없이 지원하고 있다.

해외 온라인 판매를 고려하고 있다면 이베이 해외 판매가 지금 시점에 당신에게 가장 유리한 선택이다.

◆ 내가 겪었던 시행착오

10년간 택배로 상품을 공급받으면서 아무 문제가 없었던 것은 아니다. 가장 위험했던 순간은 2022년 2월 택배 총파업 기간에는 열흘이 넘게 국내 택배 배송이 중단되면서 배송 지연 건수가 늘어나 판매 계정이 잠시 정지되는 문제가 생기기도 했고, 파업이 종료된 후에도 그간 밀린 포장을 하느라 배송주문이 늦어져 전체적인 지연이 발생하면 다시 또 주문이 줄어드는 악순환이 반복해 일어나기도 했다. 매출 추이가 꾸준히 상승곡선을 타던 시기에 이 사건 이후 다시 하향곡선을 타게 되었고 전체적인 매출을 복구하는 데 꽤 오래 걸렸다. 문제없이 꾸준히 판매를 하는 것 자체가 아무 감사한 일임을 깨달았던 때이다.

소소하게는 국내 판매자가 상품을 잘못 보낸 것을 제대로 확인하지 못하고 곧장 바이어에게 발송해 버리는 바람에 상품을 돌려받지도 못하고 환불해 주기도 했다. 또, 바쁠 때는 같은 상품을 예비 재고를 포함해 총 4개를 주문했는데 상품 개수가 누락된 것을 바로 확인을 하지 못하고 한참 뒤에 발견하여 그대로 돈을 날린 경우도 있었다.

필자는 워낙 성격이 급하고 덜렁대는 면이 있어 이런 소소한 부분을 다 챙기지 못한 아쉬움이 항상 크다. 송장을 바꿔 보내서 다시 교환을 해 주느라 진땀을 뺀 경험도 이따금 있다.

많은 미국 셀러들은 우리처럼 부지런하게 배송기일을 맞추고 고객에게 적극적으로 CS를 하지 않는다. 때문에 필자가 했던 실수들을 줄이고 꼼꼼하고 부지런하게 대응한다면 분명 호평받는 셀러가 될 수 있을 것이다.

4

해외 판매 플랫폼 중 가장 셀러 친화적인 이베이

우리가 해외 시장 진입을 할 때 가장 먼저 어떤 조건을 가장 먼저 확인해야 할까?

시장의 크기? 내가 가진 아이템의 접목? 언어 문제? 물론, 많은 것을 따지고 골라서 진입해야 할 것이다. 사실 빠뜨려도 되는 요소는 하나도 없다. 하지만 위의 요소들 만큼이나 중요한 것이 꾸준히 판매할 수 있는 시장 여건이 되는지의 여부이다.

국내 판매에 관련된 카페와는 사뭇 다르게, 해외 판매 관련

된 카페에 가면 초보자들의 질문 중에서 가장 많은 것들 중 하나가 계정 정지에 관한 질문들이다. 가입 과정에서 정지가 된 경우가 가장 많고, 첫 판매 후에도 정지가 되고 또 알고 보니 이전에 정지되었던 사람의 중복 계정 생성을 시도하다 들켜서 정지가 되고, 저작권 이미지를 잘못 사용하여 정지되고, 이 외에도 처음 진입하는 신규 셀러들 중에서 절반은 겪는다고 할 정도로 비슷한 경우들이 많다. 해외 판매 플랫폼에 대해 우리가 외국인의 입장임을 뼈저리게 느끼게 되는 순간이다.

다만 이베이가 좀 더 유하게 셀러들을 대할 수밖에 없는 상황임을 설명하고 싶다. 솔직히 아마존처럼 셀러를 막 대할 수가 없는 상황이다. 막연하게 이베이가 셀러들에게 타 플랫폼들보다 잘한다는 말이 아니다. 아마존처럼 시장 지배자가 아닌 이베이라는 플랫폼에 대해 셀러들이 보다 더 갑의 입장이 될 수 있는 상황이라는 뜻이다.

이마케터 자료에 의하면, 2020년과 2021년 미국 소매 전자 상거래 점유율은 아마존 41.4%, 월마트 7.2%, 이베이 4.3%, 애플 3.8% 순으로 나타났다.

이베이는 매년 매출은 늘어나고 있지만 미국 온라인 마켓에서의 점유율은 높지 않다. 현상 유지 혹은 오히려 낮아지고 있다. 그렇기 때문에 지금은 이베이가 셀러들에게 갑질을 할 수 있는 상황이 아니다. 아마존은 이미 40%대 이상의 시장점유율을 안정적으로 유지하고 있고 아마존같이 미국 전역에 인프라 및 배송 시스템을 투자할 수 있는 회사도 없다. 아마존의 신규 정책들을 보면 셀러들을 공격적으로 더 끌어들이려는 생각이 없어 보인다. 지금은 시장점유율을 유지하면서 계속해서 판매자 기준을 높여 셀러들을 솎아내는 중이다. 단가가 높고 꾸준히 판매되는 아이템들은 아마존PB 상품을 출시해 직접 판매하고, 주기적으로 판매 수수료를 높이고, 고객 구매 경험 만족이라는 미명하에 계속해서 셀러들을 쥐어짠다. 높은 마켓 매출과 허들을 둘 다 가지고 이 허들을 넘는 셀러만 진입하라는 식이다. 신규 셀러가 진입하기에 매우 어렵다.

상대적으로 이베이는 신규 판매자들에게 활짝 열린 편이다.

내가 경험해 본 바로는 아마존은 아주 빡빡하고 어느 정도 판매가 일어난 후에도 빡빡하고 규정 변경이 잦아 셀러가 일일이 따라가기가 많이 어렵게 느껴진다, 이베이는 아마존에 비해서는 규정 자체가 느슨하고, 1~2년 정도 꾸준히 판매를 하고 있는 셀러라는 것이 보이면 가능한 셀러 쪽에 유리하게(셀러가 계속해서 이베이에서 판매를 할 수 있는) 여건을 형성해 주는 곳에 가깝다. 그 외에 쇼피나 라자다 등의 판매처에도 설명회를 듣거나 셀러들 커뮤니티에도 있어 보면서 느낀 점들은 신규 플랫폼들은 셀러를 동반자이면서도 한편으로는 테스터로서 대하게 된다. 물론 일부러 그러는 것은 아니고 각각의 플랫폼들도 열심히 일을 하지만, 그 과정에서 벌어지는 잦은 초기 플랫폼의 오류, 계속해서 변경되는 수수료 정책 및 자잘하게 변경되는 등의 변경 사항이 많은데 1인 셀러의 경우 혼자서 일일이 수정하고 대응하기가 어렵다. 물론 이 과정에서 초기에 진입한 셀러들은 시간이 지나 안정화가 되면 남들보다 먼저 진입해서 플랫폼과 함께 고생한 과실을 나눠 먹을 수도 있다. 하지만 아닌 경우가 더 많았다. 고생만 하다 결국 포기하고 나오시는 분들도 많다.

그래서 나는 더더욱 이베이를 추천한다. 창립한 지 20년이 된, 올드 패션이 된 플랫폼. 안정화된 판매 시스템과 고객 및 셀러 관리. 분기마다 꾸준히 일정하게 나오는 업데이트 소식들. 어느 순간 갑자기 내 계정이 폐쇄되지 않을 것이라는 확신이 주는 안도감은 꽤나 크다.

꾸준히 문제없이 일을 할 수 있는 것이라는 확신. 한국에서 판매를 한다면 크게 문제가 되지 않겠지만, 외국인의 입장이 된다면 불편한 부분이 많다.

또한, 천문학적인 미국의 온라인 시장의 크기와 성장세를 감안한다면 4.3%의 점유율만으로도 엄청난 시장인 것은 맞다. 워낙 거대한 아마존과 비교되기 때문에 상대적으로 작은 시장으로 보인다.

본인이 독점적인 상품을 가지고 있고, 자금적으로 여유가 있으며 플랫폼에 휘둘리지 않을 자신이 있다면 세계에서 가장 덩치가 큰 아마존으로 바로 진입하는 것도 좋은 선택이다. 하지만 그렇지 않은 입장이라면 더욱이 해외 판매 자체가 처음인 입장이라면 나는 이베이를 추천한다. 이베이만으로도 사업적인 성장 소요나 시장 크기가 이미 충분하며, 여기에서 시작해 이베이라는 시장이 좁게 느껴진다면 그때 더 큰물로 뛰어들어도 충분하다.

5

하루 30분만 투자하여 광고와
리뷰 싸움 없는 이베이에서 성공하라

먼저, 이베이는 내가 알고 있는 가장 셀러 친화적이고 공정한 플랫폼이라고 소개하고 싶다. 물론 완벽하진 않지만 많은 플랫폼들을 거치면서 느낀 것인데 큰 플랫폼이라고 꼭 완벽하지는 않으며 또 상대적으로 작은 플랫폼이라고 셀러에게 안 좋은 곳이 아니라는 것이다. 시장점유율이 높은 곳에서 더 잘 되는 아이템 혹은 셀러의 성향이 있고, 또 상대적으로 작은 플랫폼에서 다른 큰 마켓보다 더 많은 성과를 내는 케이스도 많다.

◆ 과거와 현재 이베이의 정책 변화 그리고 그 이유

　과거의 이베이는 지금의 이베이와는 광고와 노출에 대한 기조가 약간 달랐다. 순수하게 셀러의 등급과 판매 기록 그리고 구매자가 판매자에게 부여한 판매 점수로만 상품 노출 등급을 매겼었다. 다만 2022년부터 유료광고가 도입되면서 지금은 그 기조가 어느 정도 바뀌었다. 아무래도 경쟁 플랫폼에서 광고를 적극적으로 도입하고, 광고로 인한 수익이 꾸준히 늘어나는 것을 확인한 후로 생각된다. 실제로 아마존의 광고 매출은 최근 5년간 4배가 넘게 상승하여 (2018년 100억 불, 2023년 430억 불) 지금은 리테일 판매 마진을 따라올 만큼 광고 수익이 상승하였다.

　아마존은 이에 대해 새로운 수입원을 찾은 것처럼 이야기하지만 나는 생각이 다르다. 단순히 셀러들에게 추가적인 빨대를 꽂은 것으로 보고 있으며 이미 아마존에 정착해버린 셀러들이 말라죽지 않을 만큼 추가적으로 빨아먹겠다는 의사 표현으로 보고 있다. 왜냐면 상품 광고의 주체는 셀러들이며, 플랫폼 안에서의 광고 노출 경쟁은 결국 다 같이 비용이 높아지는 악순환으로 이어지기 때문이다. 광고가 처음 생긴 때는 먼저 광고를 집행하게 되면 상대적으로 노출이 많아져 매출이 늘어나는 효과를 누릴 수 있다. 하지만 시간이 지나면 너도나도 광고를 하게 되면서 광고비는 나가되 그 효과는 이 전에 아무도 광고를 하지 않던 때로 돌아가게 되며, 결과적으로 모든 셀러가 광고비를 지불하지만 효과는 없어지는 상황이 도래하기 때문이다. 특히나 아마존의 경우 매년 광고비 매출이 50% 이상 성장하고 있으며, 아마존의 설명에 따르면 지금의 광고비 매출을 추후 3~4배 수준에까지 늘리는 것을 목표로 한다고 발표했다. 내가 아마존의 셀러라면 이 발표를 보고 더 마음이 심란해지지 않았을까 생각한다.

동일한 과정이 네이버 스토어 광고에도 비슷하게 재연되고 있다. 입찰 광고비 및 CPC(클릭당 광고비 과금) 그리고 계속해서 생기는 새로운 광고 수단들로 인해 광고 경쟁이 격화되고 있다. 하지만 모두가 광고를 하기 때문에 부담이 된다는 이유로 혼자만 광고를 뺄 수도 없는 상황이다. 현상 유지를 위한 비용이 계속해서 발생하는 것이다.

◆ 이베이의 특징

이베이 상품 페이지에서 다른 플랫폼들과 차이 나는 것은 리뷰의 유무이다. 상품별 리뷰가 있는 것이 아닌, 판매자 피드백으로써 판매자에게 쌓이는 신뢰 점수로 대체된다. 지금의 이베이는 2023년에 가장 기초적인 광고를 도입하였고, 지금 상황에서는 어떤 플랫폼을 비교해도 가장 가성비가 훌륭한 광고시스템을 가지고 있다고 설명할 수 있다.

다만 이것은 지금 그리고 앞으로의 몇 년으로 끝날 수가 있다. 이베이가 내세운 셀러 역량에 따른 공정한 상품 노출이라는 기치는 유지하겠지만 전 세계 리테일 플랫폼들의 기조를 보면 광고 매출을 더 늘릴 수 있는 룸이 있다는 것을 이베이도 충분히 알 것이기 때문이다. 그것을 활용하지 않을 것이라 장담하기도 어렵다. 하지만 지금까지의 행보를 본다면 상황이 급변하지는 않을 것이라 생각한다. 냉정하게, 시장 상황이 이베이가 그러한 선택을 할 만큼 시정 점유율을 가지지 않기 때문이다. 상대적으로 이베이가 셀러 친화적일 수밖에 없는 이유이다.

◆ 지금 환경에서 초보 셀러의 대비

상품 페이지별로 리뷰가 쌓이고 그것이 노출에 큰 영향을 미치는 시스템이 아니기 때문에 리뷰를 달기 위해서 행사나 체험단을 하거나, 추가적인 광고비를 지출하는 일이 필요하지 않다.

그리고 계정 점수에서 만족한 판매 건 대비 불만족한 판매 건이 비율로써 표시되기 때문에 판매가 많지 않더라도 불만족한 판매 건이 없다면, 거래만족도가 100%가 되어 상대적으로 노출이 더 유리할 수 있다. 전체 판매 건수 자체는 초보 셀러가 따라가기가 어렵기 때문에, 이런 판매자 점수라도 높게 유지를 하는 것이 추후 판매를 늘리는 데 도움이 될 것이다.

ebay

6

지금처럼 한국 제품에 관심이 모인 적이 없다

◆ 엄청나게 늘어난 검색 결과량

모든 해외 온라인 플랫폼에서 처음 비즈니스를 시작했을 때보다 한국 상품의 검색 결과량이 적게는 수십 배에서 많게는 수천 배가 늘었다. 늘어난 검색량이 늘어난 수요를 보여주기 때문에 가장 쉽게 한눈에 알아볼 수 있는 변화이다. 10년 전 처음 시작했을 때보다 내 이베이 스토어의 매출이 100배 넘게 늘기도 했고, 당장 예를 들어 BTS만 검색하더라도 8만 건 가까이 되는 검색 결과가 나온다. 이것은 단일 브랜드 검색 결과량으로 생각하면 엄청난 양이다.

예전에는 설화수나 아모레퍼시픽 같은 고가 브랜드 화장품들도 검색 결과가 다섯 페이지가 채 되지 않아서 직접 모든 상품 페이지 검수가 가능했지만, 지금은 수천 페이지가 나온다. 모든 상품의 판매자가 다 한국 판매자는 아닐 것이며, 이 중에는 소위 말하는 짝퉁 상품도 있을 수 있다. 다만 전체적인 한국 브랜드의 인지도 및 수요가 5년, 10년 전과는 비교도 할 수 없을 만큼 늘어난 것은 사실이다.

삼성과 엘지 같은 글로벌 브랜드 상품은 기본적으로 한국의 회사임을 알고 있으며, 이미 본인이 필요한 상품의 성능을 이미 다 알고 확인차 물어보는 경우가 많다. 제조국이 한국인지 베트남인지 먼저 물을 정도이다. 즉 이미 유명하기 때문에 추가적인 홍보가 불필요하며 오히려 구매자들이 더 저렴하게 구입하기 위해 여러 플랫폼에서 최저가 검색을 하는 상황이 되었다.

◆ 한국 사람이 쓰는 모든 것이 아이템이다

작년, 동남아의 온라인 쇼핑플랫폼인 쇼피(Shoopy)에서 발표한 판매순위 상위권에 한국 상품이 많이 포함되어 있다. K팝 상품들은 물론이며 K 뷰티, K푸드 등 대부분의 카테고리에서 한국 상품이 인기 있다. COSRX(코스알엑스) 여드름 패치, 맥심 카누 커피, 커피믹스, 허니버터 아몬드, 오설록 티 세트, 레모나 콜라겐, 정관장 홍삼정 에브리타임, 불닭볶음면, 마녀공장 에멀전, 스킨 1004 센텔라 앰플 그리고 스터디 셀러라는 이니스프리의 알로에 수딩 젤 등등 우리에게 아주 친숙한 상품들이다. 지금은 K팝에서부터 화장품류, 식품류 그리고 잡화류에 이르기까지 전반적인 한국 상품에 대한 선호도가 대단히 높다고 할 수 있다.

이것은 바이어 입장에서 한국 사람이 쓰는 상품들의 품질이 높다고 생각하기 때문이며 실제로도 높아진 소비자들의 눈높이에 맞춰 저렴하고 퀄리티 높은 상품들이 많다. 이것은 우리가 일상에서 접하는 일상적인 상품들이 어쩌면 해외의 고객들이 애타게 기다리던 상품일 수 있다는 신호이기도 하다.

상품 단가가 작다고 무시할 것이 아니다. 2022년 기준 삼양식품은 수출실적이 5000억이 넘고, 불닭볶음면 및 불닭 시리즈의 비중이 아주 높다. 나도 매워서 못 먹는 불닭볶음면이 전 세계로 판매될 것이라고는 상상도 하지 못했다.

우리 또한 10년 전만 해도 일본 관광을 다녀오면 캐리어 가득

휴족시간, 동전파스, 시세이도 폼클렌징, 곤약젤리, 로이스, 킷캣 말차 초콜릿, 캔맥주, 백화점 손수건 등을 바리바리 챙겨왔던 것과 근본적으로 비슷한 현상이라고 생각한다.

당시만 해도 한국의 공산품 및 화장품의 품질이 지금처럼 높지 않았고, 일본 상품에 대한 전반적인 선호도가 아주 높았었다. 그리고 10년이 지난 지금은 일본 상품이 옛날처럼 한국 상품보다 뛰어나다는 인식이 많이 줄어들었다고 느낀다. 그만큼 한국 제품들의 품질이 좋아지고 브랜드 이미지가 높아졌기 때문이며, 이제는 우리가 높아진 국가 브랜드를 비즈니스와 접목시킬 차례이다.

◆ 사례 탐구

최근에는 성장세가 다소 둔화되었지만, K 뷰티의 인기는 현재진행형이다. 오랜 업력의 경력이 풍부한 화장품 제조회사 회사들이 많고 여기서 제조되는 화장품들의 품질이 기본적으로 뛰어나기 때문이다. 세계적으로 자연스러운 화장법이 강조된 2022년부터는 수요처가 아시아뿐만 아니라 미국, 남미로도 넓어졌다.

화장품을 포함해 뷰티 디바이스들의 인기는 계속해서 성장 중이다. 수십만 원을 호가하는 설화수, 더 후 같은 고급 브랜드들의 인기도 여전하고, 최근에는 LG의 프라엘, 바나브, 메디큐브 같은 뷰티 디바이스들의 인기가 대단하다. 코로나 때 등장한 집에서 직접 관리하는 피부관리 디바이스는 2030년까지 연평균 20% 시장 성장이 예상되며 상대적으로 작았던 뷰티 디바이스 시장의 성장세를 이끌어가고 있다. 한국이 계속해서 뷰티 시장의 트렌드를 이끄는 선도자의 이미지를 계속 가져가는 것이 아주 고무적이다. (해외 제조사는 제모기 상품에 특화되어있고 한국 제조사는 흡수 보조 및 탄력기기 분야에 주로 특화됨)

이 외에도 한국 드라마와 웹툰과 같은 콘텐츠도 큰 인기를 끌고 있다. 한국 가수의 앨범과 굿즈만으로 큰 매출을 일으키는 판매자들도 있듯이 콘텐츠 상품의 시장이 커져 굿즈 시장이 활성화된다면, 이런 상품들 또한 판매 아이템이 될 수 있다. 비슷한 분야로 인기 드라마들의 경우 블루레이 디스크 세트 혹은 사진집 등이 소장용으로 꾸준히 판매되고 있기 때문에 계속해서 주목해야 할 분야이다.

미국과 유럽의 플랫폼들의 상황은 동남아와는 또 다른데, 2020년 우리나라의 호미와 호랑이 담요가 아마존에서 좋은 평가를 받으며 판매된다는 뉴스가 소개되었다. ("아마존에서 대박 난 영주대장간 K호미") 개인 정원을 가꾸는 문화인 미국에서, 한국의 호미가 전천후로 매우 유용해 현지에서 입소문을 타 아마존 플랫폼에서 불티나게 판매된다는 것이다. 호랑이 담요 또한 과감한 프린팅과 고급 극세사 재질 그리고 저렴한 가격으로 인기 사이즈는 계속 품절이었다.

당시만 해도 화장품, 한류 상품 아이템에만 치중했던 셀러들은 전혀 생각하지 못했던 아이템이었다. 나 또한 이후로 더 다양한 아이템으로 시야를 넓게 됐던 계기가 되었고, 아이템만 좋다면 세계 어디에서도 먹힌다는 확신이 함께 들었기 때문에 더 자신 있게 해외시장에 올인할 수 있게 되었다.

다른 카테고리로는 미국과 유럽에서 한국의 삼성, LG의 가전, 전자제품의 수요는 기본적으로 높다. 하지만 이 외에도 다양한 한국의 회사들이 진출할 여지가 있다. 블랙시스의 블랙박스, 한국 중소업체들의 LCD 모니터, 쿠쿠의 전기밥솥, 휴롬의 착즙기, 공기압 마사지기, LED 마스크, 네일 기기 등등 유명한 대기업 상품들을 제외하고서도 해외 플랫폼 시장 조사를 하면서 알게 된 한국의 강소 제조업체들이 많다 이 회사들은 새로운 셀러들에게는 해외 진출을 위한 좋은 아이템이 될 것이다.

쉽게 풀자면 동남아 플랫폼에서는 이미 한국 상품에 대한 선호도가 높아, 큰 유통시장이 형성되어 있는 상황이다. 기본적인 인지도가 있는 상황에서 기존 시장에 없는 다양한 상품들을 더 소개하거나, 동남아 국가 구매자의 상황에 맞춰 개별 판매 혹은 프로모션을 이용해 노출도를 높여 추가적인 판매가 가능하다. 수요가 모이는 곳이기 때문에 상품을 알리기 위한 단계는 이미 지났으며 효과적인 판매를 일으키기 위한 고민이 필요한 시장이다.

미국과 유럽의 플랫폼에서는 동남아 플랫폼보다는 상대적인 한국 개별 상품의 인지도는 높지 않다. 하지만 기본적인 한국의 이미지는 긍정적이며, 여기에 호미와 같이 기능이나 품질이 뛰어난 상품을 경쟁력 있는 가격으로 공급한다면, 생소하고 처음 접하는 상품일지라도 충분히 수요가 발생한다는 것을 확인할 수 있다.

◆ 유리한 시장으로의 진출은 당연한 것

우리는 트렌드를 선도하는 국가라는 훌륭한 국가 브랜드를 가지고 있다. 바이어가 먼저 'Made In Korea' 제품이 맞는지 물어보는 세상은 여태껏 없었다. 다양한 K 드라마와 K 콘텐츠에서 꾸준히 한국 상품들이 노출되고 있고, 제조사들 또한 이것을 잘 알고 해외 진출 및 해외 플랫폼을 통해 해외 바이어들에게 친숙해지기 위한 마케팅에 진심인 상황이다. 이렇게 기회가 무궁무진한 해외시장을 두고 이미 레드오션인 국내 시장을 할 이유가 있을까?

한국에는 이 장에서는 일일이 언급하지 못한 다양한 경쟁력을 가진 제조업체, 강소기업이 즐비하다. 나의 경우는 개인 소비재 제품이 주류이지만, 또 내가 알지 못하는 한국 기업의 B2B 전문 상품을 해외의 바이어가 애타게 기다리고 있을지도 모른다. 해외 판매자들의 경우 본업에서의 전문성을 가져와, 경쟁력을 갖고 새로운 시장을 창조하는 경우도 많고 조용히 본인을 노출하지 않고 판매를 잘하는 판매자도 많다. 이제 당신이 해외시장에 진출할 때이다.

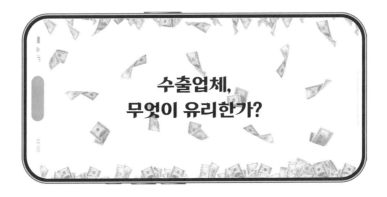

7

수출업체, 무엇이 유리한가?

　단순하게 접근하면 우리는 똑같이 온라인으로 물건을 파는 일을 한다. 다만 우리의 바이어들은 한국이 아닌 외국에 있다는 것이고 한국에서 외국으로 상품을 발송한다는 것이 다르다. 하지만 이 것은 생각보다 큰 사업적 차이를 가진다. 관리체계가 수출로 관리되고, 증빙자료를 준비해야 하며 내가 낸 부가세를 나라에서 되돌려준다. 부가세 환급을 마치 분기마다 받는 보너스로 예를 드는 경우도 있는데, 나는 여기에 동의하지 않는다. 상품 매입의 10% 금액을 보너스로 계산할 수 있을 만큼 해외 판매 시장이 호락호락하지는 않다. 오히려 부가세 환급에 포커스를 맞추는 것보다는 나라가 장려하는 정책의 방향성, 그리고 우리가 세계의 기축통화인 미국 달러를 베이스로 사업을 하고 있다는 이점에 더 주목하는 것이, 이 수출사업을 더 크게 볼 수 있는 방향이라고 생각한다.

◆ 부가가치세 환급. 수출의 꽃?

나는 기본적으로 부가세를 제외한 금액을 상품 원가로 계산한다. 상품 수출을 하고, 증빙자료를 모두 준비를 하기 때문에 해외로 수출을 하고 상품 매입대금에 포함된 부가세를 환급받은 것은 당연하다는 입장이다. 나라에서 내린 시혜나 예상 못 한 보너스로 생각할 필요가 전혀 없다. 정말 제로베이스로 계산을 시작해야 정확한 마진율 계산이 가능하다는 생각이다. 그래서 나는 오히려 나라에서 우리가 낸 부가세를 쥐고 있다는 생각을 가지고 있으며, 환급 금액이 커질수록 불만이 많다. 원활한 자금 흐름에 방해가 되기 때문이다. 때문에 나는 6개월 주기의 부가세 환급신청이 아닌, 분기별로 부가세 환급신청을 한다. 규모가 더 큰 곳은 매달 부가세 조기환급 신청을 하는 경우도 있다.

◆ 적격증빙 그리고 부가세 환급에 적용이 되는 업종과 안되는 업종

부가세 환급을 받기 위해서는 기록에 진심이 되어야 한다. 우리가 당당하게 수출 건들에 대한 부가세 환급을 요청하기 위해서는 판매 기록뿐만 아니라 판매 기록에 일대일로 대응되는 모든 매입자료를 준비해야 한다. 나 같은 경우 주문 건을 사입할 때, 주문한 날짜, 웹사이트, 주문한 계정, 상품 이름, 옵션, 개수, 금액, 결제수단 모든 것을 건건이 기록해둔다. 일반사업자는 5년간 증빙 기록을 보관해야 할 의무가 있으며 담당 세무관이 환급신청에 대해 증빙 요청을 했을 때 언제든지 이를 증명할 수 있어야 한다. 전체 매입 금액이 크기 때문에 일부라도 잘못된 영수증이 포함되지 않도록 본인이 주의해야 한다. 몇만 원 부가세 잘못 타 먹다가는 오히려 더 큰 문제가 생길 수 있으니 주의해야 한다.

그리고 이베이처럼 플랫폼을 통해서 해외 판매를 하는 경우에는 문제가 없지만, 역직구 구매대행처럼 우리가 판매 주체가 되어 판매하는 것이 아닌 바이어가 상품 링크를 제공하고 구매대행에 대한 수수료로써 수익이 발생하는 경우에는 사업자가 바이어의 요청에 따라 주문한 상품이기 때문에 여기에 대해 부가세 환급신청을 할 수 없다. 왜냐면 부가세 환급은 직접 수출을 한 수출자에게 수출촉진을 위해 제공되는 혜택 중 하나인데 여기에는 나의 책임과 계산하에 수출할 물건을 구매하고 해당 물건을 해외로 수출하는지 여부가 중요하기 때문이다. 쉽게 말하면 판매자가 판매 주체가 되어야 하며 우리가 하는 방식이 일부 역직구 구매대행과 유사한 부분이 있기에 사업 방법을 창의적으로 다양하게 구현하는 것에 대해서는 환영하지만, 자칫 오해할 수 있는 부분에 대해 짚고 넘어간다.

◆ 나라에서 장려하는 사업 방향

2023년 정부 지원사업의 방향을 보면 네 가지가 보인다. 제조, 4차산업, 농업, 수출이다. 하지만 단순 유통, 국내 판매에 대해서는 지원사업이 거의 전무하다시피 하다. 고용 외에는 나라에서 지원해 줄 것도 없고 바라는 것도 없다는 스탠스로 보인다. 이미 포화 상태이기도 하고 굳이 인센티브를 더 제공하면서까지 이 포화 시장에 새로운 경쟁자를 유입할 유인도 없기 때문으로 보인다.

수출 관련 지원사업으로는 대표적으로는 수출 바우처와 해외 배송비 지원사업, 그리고 다양한 해외 홍보를 위한 홍보비 지원, 해외 웹사이트 구축 등의 지원사업들이 있다. 사업 초반에는 이런 지원사업들에 해당 자격이 된다면 적극적으로 신청해서 도움을 받도록 하자. 정부 지원사업이 굴러가는 방식, 지원사업의 절차, 시간적 소요 및 구비 서류 등 처음에는 예상보다 많은 절차들에 당황스러울 수도 있지만 익숙해질 필요가 있다. 처음에는 50만 원, 100만 원이지만 사업 규모가 커지게 되면 지원 규모가 수천만 원에 이르는 지원사업들도 있다. 모르고 바쁘다고 넘기기에는 너무 아까운 기회들이니 꼭 챙겨 보자.

우리가 굳이 정부와 시대의 방향성과 반대로 갈 필요는 없다. 물론 이 와중에도 박 터지는 레드오션에서 승리하는 사람들은 있다. 아주 반짝반짝하고 훌륭한 사람들이다. 우리가 이런 주인공이 될 수도 있지만 유리한 사업 분야를 찾아 성공률을 높이는 것 또한 중요하기 때문에 우리가 가진 자본과 사업적 요소들을 고려해 보자.

◆ 달러 베이스 사업의 이점

처음에는 달러를 받아서 가장 환전 수수료가 적은 방법을 찾는 것에 집중했다. 그리고 환전 방법을 정하고 나서는 조금이라도 더 높은 환율로 환전을 해보기 위한 방법을 찾아봤지만, 결과적으로 환차에 대해서 이익을 얻는 것은 진작에 포기했다. 왜냐면 첫 번째로 환차를 얻을 수 있을 만큼 시간을 두고 타이밍을 재면서 환전할 자금 상황이 넉넉하지 않았고, 달러를 바로 받았을 때 바로 환전을 하는 것과 내가 더 유리한 환율에서 환전하기 위해 계산을 하고 타이밍을 쟀던 것의 결과가 다르지 않았다. 그래서 지금도 달러를 받자마자 그대로 환전을 하고 있다. 그렇게 하면 최소한 시장을 따라갈 수는 있었다.

7~8년 차가 지나 사업이 진척된 후에는 수출과 수입을 모두 하는 비즈니스를 꿈꾸게 되었다. 이 사업은 달러를 움직이기 때문에 우리가 결제 받은 달러를 그대로 수입할 때의 결제 용도로 사용하게 되면 환전에 따른 환차가 이중으로 사라지는 효과가 생긴다. 그리고 환율의 출렁임에 상관없이 달러로 결제를 받고 달러로 결제를 할 수 있다면 모든 수출, 수입업자의 고민인 환차손에 대한 고민을 덜고 사업에만 더 집중할 수 있지 않을까 하는 고민 때문이다. 아직은 구상에 그치지만 나의 상황과 내가 가진 패에 부합하는 수입 관련 아이템을 발견하게 된다면 뛰어들 준비를 하고 있다.

ebay

8

하루 30분도
쓸 시간이 없다는 당신에게

9 to 6, 주 45시간, 수도권 평균 통근시간 58분. 야근이나 주말 근무를 굳이 더 하지 않더라도 우리의 소중한 시간은 너무 빨리 흘러간다. 하루 세끼 챙기고 직장 다니는 것만으로도 이렇게 바쁜데 더 시간을 내서 새로운 분야에 도전한다는 것이 가능할까 싶을 정도다. 하지만 그럼에도 불구하고 새로운 가능성을 찾아 이 책을 펼친 당신에게 해 주고 싶은 말이 있다. 이 책을 보는 모든 사람이 이베이에 도전하고 원하는 성과를 낼 것이라 기대

하기는 어렵다. 하지만 상대적으로 작은 시장이라 불리는 곳에서 오랫동안 판매 활동을 하면서 일정 부분 성과를 내봤던 내가 그 과정에서 배우고 느꼈던 것들을 나누고 싶은 마음이다.

◆ 지나간 기회들

지금 본업이 바빠 새로운 가능성에 접근하기가 어려운 당신의 상황을 이해한다. 나 또한 그랬고, 지금까지 이베이를 10년 넘게 본업으로 해 오고 있지만, 그간에 바쁘다는 이유로 흘려보낸 기회가 아주 많았다. 지금에 와서 후회하진 않지만, 당시에는 귀에 대고 새로운 기회를 알려줬음에도 불구하고 가능성을 지레짐작하고 적극적이지 못했다, 또한 새로운 아이템이나 플랫폼이 당장 이베이로 벌고 있는 내 수입을 대체하기는 어려웠기에 내 눈앞에 닥친 본업에만 계속 집중했다. 그럼에도 내 기준에 부합할 만한 성장을 시작하게 된 시점은 이베이만 잡고 있은 지 5년째 되던 해였고, 다행히 그 후로는 매년 성장세를 기록 중이다. 이베이 플랫폼 안에서는 나름의 성과가 있었지만 내가 지나쳤던 기회들 중 나보다 훨씬 더 늦게 시작했지만 더 폭발적인 성장을 하는 사람들을 볼 때는 처음에는 '와, 저게 되는 사업이었구나' 하는 생각을 했고, 조금 더 지나서는 내가 놓친 것이 많았다는 생각이 들었다.

다행히 돈을 버는 일에는 관심이 많았기 때문에, 사업 설명회나 세미나가 있으면 계속 참석을 하고 가능하다면 그 분야의 현업인 분에게 이야기를 듣거나, 관심을 계속 두고 해당 분야에 대한 동향에는 계속 관심을 가졌다. 지나간 기회들 중에는 이제는 셀러들에게 아주 가혹하기로 유명하지만, 당시에는 문을 활짝 열고 셀러들을 모집하던 아마존도 있고 라쿠텐과 일본 옥션 등의 일본 온라인 시장, 중국 업체들과의 B2B 협업, 그리고 한국 내 판매를 위해 시장 조사를 하러 갔던 중국의 도매시장의 수많은 아이템들, OEM을 이용한 제조도 있었고, 브랜딩을 통한 차별화로 국내 시장 진출을 하는 등등의 많은 기회들이 있었다.

예를 들자면, 중국 기업과 B2B를 하던 업체가 2019년 코로나 초창기, 중국 수출선으로부터 KF 마스크 수출을 의뢰받아 단기간에 돈방석에 오를 때는 배가 아프기도 했다. 또, '아마존에 초창기부터 올인했다면 최근 10년간 보여준 아마존의 경이로운 매출 상승 곡선에 내가 올라탈 수 있지 않았을까?', '일본 이커머스 시장은 이제 시작인데 내가 선점을 할 수 있지 않았을까?', 미디어 커머스 회사들이 자체 브랜딩을 하면서 중국의 아이디어 상품을 SNS 광고로 엄청난 매출을 기록할 때도 '저게 된다고?' 하면서 놀랐던 기억이 난다.

'나라면 저렇게 할 수 있었을까? 저 사람은 이전에 다른 기반이 있어 그 도움을 받았었던 것일까? 아직 늦지는 않았을까? 나랑 저 사람의 차이가 뭘까? 같은 시장 상황을 앞에 두고 나는 이미 어렵다는 판단을 내심 하고 지나친 아이템이었는데 저 사람에게는 어떤 비전이 보였던 것일까?' 하는 생각을 내심 많이 했었다. 지금에 와 생각해 보면 가장 중요한 것은 직접 해 보느냐 혹은 하지 않느냐의 차이일 것 같다.

왜냐면 지금 내가 비슷한 질문들을 받기 때문이다. 하지만 나에게 뒷배가 있거나 특별한 비결이 있느냐 하면 전혀 그렇지 않다. 군이 말하자면 특별한 비결은 내 자본 없이 비즈니스를 할 수 있는 이베이라는 플랫폼을 찾은 것이고, 오랫동안 꾸준히 해 왔던 것이기 때문이다.

◆ 당신의 선택

새로운 가능성에 당신의 시간과 자원을 투자하는 일은 엄연히 본인의 선택이다. 만약 당신이 새로운 가능성에 대해 인지만 하고 당장 도전을 하지 않는다고 하더라도 다른 분야의 새로운 아이템, 아이디어가 구체적으로 어떤 방식으로 있었다는 것에 대해 알아두는 것만으로도 많이 도움이 될 것이다. 책으로 강의로 세미나 등의 곳에서 얻은 새로운 아이디어에 당신이 속한 분야를 전문성을 접목시켜 새로운 방법들을 고안해 낼 수 있을 것이다.

현실적으로 이전 단락에서 나열한 아이템들을 모두 할 수도 없거니와 내가 다른 기회에 도전했다 하더라도 별다른 성과를 내지 못했을 수도 있다. 하지만 이러한 생각과 후회와 고민의 과정들 속에서 일부나마 나의 본업이나 전문성과 매치를 시키면서 내가 잘할 수 있었던, 내 강점을 더 살릴 수 있었던 분야가 어떤 분야인지는 경험이 쌓일수록 지나간 경험에 비추어 교집합이 있는 분야를 찾게 될 것이다.

◆ 어렵지만 해야 할 일들

지금 이 책을 보는 당신은 이미 이것만으로 큰 도전의 길에 들어섰다고 말하고 싶다. 내가 이 책에 담은 이야기들은 모두 내가 직접 겪고 일하면서 생긴 경험들이다. 가까운 길을 두고 빙빙 돌아가고 울퉁불퉁했던 내 경험들이 모두 여기에 있다. 공식적인 매뉴얼 외의 실무 경험담들을 많이 공유하고 싶다. 나와 새로운 셀러들이 시작점은 다를지언정 우리는 같은 시장에서 같은 소비자들을 마주하고 있다. 시간이 들더라도 이 책의 내용과 방향을 맞춰간다면 멋진 해외 비즈니스를 시작할 수 있을 것이라 확신한다. 하루 30분부터 짬을 내어 새로운 가능성을 마주해보자. 이 가능성에 확신을 가지게 된다면 하루 30분이 대수겠는가? 먼저 시작을 해 보시길 바란다.

Chapter.2

하루 30분,
이베이가 바꾼
내 비즈니스
: 이베이 강점 활용
성공 에피소드

1

적은 자본으로 리스크 없이
큰 사업체를 만들 수 있는 이베이

◆ 실패하지 않는 아이템의 중요성

한국에서는 유달리 한번 크게 넘어지면 다시 일어나기가 어려운 환경이다. 때문에 내가 감당할 수 있는 선을 넘지 않는 것이 중요하다. 한국에서는 재도전의 기회가 자주 오지 않고, 사업을 위한 자본금을 다시 준비하기 위해서는 몇 년 혹은 더 오랜 시간이 걸리기도 한다. 그렇기 때문에 본인이 준비한 자본에서 감당 가능한 만큼만 자원을 활용하는 것이 좋으며, 본인이 감당 가능한 범위를 넘어서는 많은 빚을 들여 사업을 시작하는 것은 모 아니면 도가 되기 쉽다. 사실 여러 성공사례는 TV에서, 유튜브에서, 인터넷에서 얼마든지 찾을 수 있다. 하지만 넘어진 사람들은 조용히 사라진다. 그리고 성공사례들은 모두가 능히 할 수 있는 것인 양 포장되어 노출되고, 성공하지 못한 사람들의 사례는 본인이 노력이 부족한 것, 운이 없는 것, 아이템이 변변치 않았다는 등의 사유가 덧붙여진다.

그렇기 때문에 지금은 무엇보다도 안전하고 실패하지 않는 아이템이 중요하다. 성공과 실패는 누구도 장담할 수 없고, 7전 8기의 도전정신이 필요한 것은 맞지만, 리스크 관리는 필요하다. 실패 가능성을 0에 가깝게 줄이면서도 잘 되었을 경우에는 상방으로 무궁무진 가능성을 가진 것이 바로 이베이이다. 결제 후 3일 내에 내 통장에 입금이 되는 빠른 정산 시스템 그리고 신용카드를 통한 상품 매입. 그리고 선결제를 통해 지속적으로 빚을 0으로 만드는 시스템이다. 판매가 계속해서 이어지더라도 재고 걱정 없이 안정적으로 이어지는 결제 및 상품 발송, 이를 통해 지속적으로 쌓이는 판매 기록과 판매자로서 신뢰를 쌓는 것이 중요하다.

여기에 최악의 경우를 상정하더라도 판매가 되지 않으면 아무런 비용도 발생하지 않기 때문에 내가 지는 리스크는 없다. 그리고 잘 될 경우에는 내가 그랬던 것처럼 연 매출 70억이 넘는 스토어를 운영할 수도 있다. 내가 매출이 늘어난다고 특별하게 비즈니스 방식에 큰 변화가 있는 것도 아니다. 판매가 잘 일어나는 상품들의 경우 예비재고를 몇 개씩 미리 구비해 둘 수 있게 되었다. 그 외에는 자금도 매일매일 출금 신청을 하고 신용카드 한도를 확인하면서 상품을 온라인에서 매입하고 혹시 배송이 늦어지는 상품이 없는지 관리한다. 자주 품절이 되는 상품도 체크해 두었다가 미리 한두 개씩은 구비해 두고, 한편으로 매일매일 조금씩이라도 새로운 상품을 등록하여 우리 스토어가 매일 변화하고 업데이트 되는 스토어임을 계속해서 어필한다. 움직이는 금액의 단위가 바뀌었을 뿐 나의 기본적인 사업 구조는 이 책에 나온 그대로라는 말이다.

  이론적으로는 판매 수수료를 제한 결제금액을 돌려받아 상품값과 배송비를 제하고 남은 것이 순수한 마진이다. (실제로는 상품 가격의 10%에 해당하는 부가세 환급 또한 마진이다) 그렇게 계산을 하면 너무 간단한 계산이다. 하지만 실제로는 계속해서 판매가 이어지면서 실제 마진을 계산하기 위해서는 기간별 결산이 반드시 필요하다. 본인이 돈을 벌긴 하는지, 얼마나 버는지는 한 번씩 반드시 체크해야 한다. 이 사업은 이베이의 빠른 정산 시스템으로 인해 항상 내 계좌에는 얼마간의 현금이 유지될 가능성이 크다. 이 돈을 마음 놓고 쓰다가는 큰일 날 수가 있다!

스타트업이 자금 경색으로 인해 어려움을 겪고 있다. 자금줄이 마르면서 '오늘회' 같은 스타트업은 예고도 없이 전 직원에게 해고통보를 하기도 하고, 우리가 잘 앎 직한 회사들도 구조조정을 통해서 어려움을 타개해 나가기 위해 노력 중인 곳도 있다.

◆ 규모가 되는 일을 먼저 만들자

가장 처음 매출을 신경 쓰게 된 것은 소상공인 정책자금 대출때문이었다. 매출 규모에 따라 대출 가능한 한도가 있었기 때문에, 그 요건을 채우기 위해서 동일한 시간 내에 같은 양을 판매하면서도 매출을 높이기 위해 판매하는 상품의 가격대를 점점더 비싼 상품들로 채워나갔고, 판매 점수가 쌓이고 판매자 신뢰도가 높아지면서 처음에는 메시지를 몇 번이나 주고받고도 반신반의하면서 구매를 하던 바이어들도 판매 기록과 점수를 보고믿고 구매를 하게 되었다.

그리고 눈에 가장 띄는 수치인 매출고가 늘게 되면서 개인적인 성취감도 컸다. 반품과 사기 같은 사건들로 인해 상품이 로스가 되는 경우도 왕왕 있었지만, 전체 판매 건에 비하면 관리되는 수준에서 일어나는 사건들이었다. 모든 발송 건에 보험을 적용하는 것에 비해, 사고가 일어난 건들을 로스 처리하는 것이 금액적으로 더 유리했다. (우리의 이러한 방침이 노출되지 않도록 하는 것이 중요하다.) 그리고 무엇보다 어느 정도 매출이 되어야 이베이에서 직접 관리하는 계정이 되는 느낌이었다. 이베이 내부 기준을 정확히 알 수는 없지만, 월 매출 기준 약 10만 불 정도 유지가 되면 굵직한 정책 위반이 아니라면 이베이에서 좀 더 관대하게 관리를 해 준다는 느낌을 받았다. 아무래도 매출에 비례해 수수료가 책정되는 형식이다 보니, 같은 판매량이라도 총매출이 높은 스토어가 이베이 입장에서는 수수료 수입이 더 크기 때문일 것이다.

◆ 요즘 같은 시기에 빠른 정산의 중요성 다시 한번 강조

빚을 지지 않기 위해서는 재고를 줄이고 상품 회전을 늘려야 하는 것은 당연한 이치이다. 불필요한 인력을 줄이고 효율적으로 운영해야 하며 적은 자본 내에서 판매 회전을 늘리는 것이 좋다. 재고를 쌓아놓고 판매하는 것에 비해 자주 물건을 발주하고, 관리해야 하는 만큼 더 손이 많이 들고 부차적인 일이 많아지는 것은 당연하다. 이 정도 수고로움으로 빚 없이 적은 자본만으로 사업을 영위할 수 있다는 것은 다른 사업들에 비해 굉장히 유리한 조건이다.

2023년은 스스로 수익을 내지 못하는 스타트업 및 한계기업들에게는 특히나 추운 시기이다. 새로운 투자 유입이 끊기면서 적자를 감수하면서 먼저 시장 점유를 노리던 많은 회사들이 휘청거리거나 계획을 수정하고 있다. 다시 회사 본연의 가치로 돌아와 회사는 돈을 벌어야 한다는 것이 시장의 메시지라고 생각한다. 회사는 돈을 버는 것이 가장 중요하다.

◆ 수요의 물줄기

돈(수요)이 흐르는 곳에 기회가 있다는 것은 만고불변의 진리이다. 필자는 매출을 일으킨다는 것에 대해서 돈의 물줄기가 나를 통과해 흐르는 것으로 빗대어 말하는 것을 좋아한다. 내가 하는 일은 결국 이 돈의 물줄기를 나에게로 끌어오기 위한 수단이라고 생각을 하게 되면 숫자로만 매출을 계산하는 것보다 훨씬 더 구체적인 상상이 가능하다.

이 돈이 흐르는 물줄기를 만드는 것은 크게 두 가지 방법이 있는데, 우리가 새로운 상품을 만들어서 수요를 창출해 내는 것, 그리고 이미 세상에 흐르고 있는 수요의 물줄기를 내 쪽으로 끌어오는 방법이 있을 것이다. 첫 번째 방법은 큰 위험을 짊어지는 대신에 큰 수익을 기대할 수 있을 것이며 두 번째 방법은 수요의 흐름을 내 쪽으로 끌어오기 위한 수고로움과 그 결과 내가 기대할 수 있는 수익을 계산해서 여러 가지 옵션을 두고 내가 비교해 볼 수 있을 것이다.

앞의 두 가지 방법 중 처음 사업을 시작하는 사람에게 추천하는 방법은 당연히 후자이다. 한 번에 전자의 방법으로 성공을 이뤄내는 것은 대단히 어렵다. 일반적으로는 상품 유통에서 시작해서, 오랜 기간 특정 제품에 대한 반응, 후기, 리뷰 등을 접하면서 필요한 개선사항을 계속 인지하고 그 개선품에 대한 수요에 대한 확신이 있고, 상품 개선이 확실히 가능해졌을 때, 기존 제품의 문제를 보완하는 식의 개선품을 만들어 내는 것으로부터 시작한다.

그리고 우리가 하려는 후자의 방법은 내가 취해야 할 리스크는 적은 대신 다른 판매자를 통해 흐르는 물줄기를 내 쪽으로 끌어와야 한다. 이 과정에서 필연적으로 가격 경쟁, 마케팅 경쟁이 일어난다. 상대방의 물줄기를 내 쪽으로 끌어오는 데 발생하는 비용(가격 경쟁으로 인한 마진의 하락 혹은 마케팅 비용) 대비 내가 얻을 수 있는 기대수익을 끊임없이 비교하고 또 비교하는 것이다.

◆ 최저가 사입을 위한 노력

경쟁력 있는 가격을 위한 첫 번째는 상품 조달 비용을 낮추는 것이다. 그리고 그것을 위한 가장 쉬운 최저가 사입 방법은 인터 넷이다. 가장 널리 알려진 인터넷 가격 비교 플랫폼(다나와, 에누리, 네이버 쇼핑)을 통해 판매하고자 하는 상품을 찾고 가격과 무게를 대입하여 판매가 가능한 상품인지 확인해 보자. 내가 진입할 수 있는 상품이라는 판단이 되면 상품을 등록하고, 또 다른 상품을 찾아 나선다. 이베이 스토어를 개설하고 초창기에는 이 일의 반복 그리고 반복이라고 볼 수 있다.

한 가지 명심할 것은 우리의 목표는 인터넷 최저가가 아니라 그냥 '최저가 사입'이다. 상품만 싸게 살 수 있다면 도매시장이든 인터넷이든 길바닥 노점상이든 전혀 문제 되지 않는다. 다만 한 국은 도소매 시장 질서가 무너진 상태이기 때문에, 인터넷 최저 가가 내가 찾을 수 있는 사입 '최저가'인 경우가 많고, 웬만한 도매시장을 다녀봐도 인터넷 최저가와 비슷하거나 더 비싼 경우가 대부분이다. 혹은 많은 양의 상품을 사입해야 더 저렴한 가격에 사입을 할 수 있었다. 이 경우 사입량 대비 나의 판매량 그리고 결제를 위한 현금 융통 혹은 대출을 했을 때는 금융 비용 등을 감당할 수 있는지 여부를 잘 판단하자. 위의 이유에 따라 나는 많은 경우 인터넷 최저가가 내가 가장 효과적으로 소량을 최저가로 소싱할 수 있는 최선의 방법이었다.

내가 상품을 판매하기 위해 서칭을 하는데, 만약 인터넷 최저가로 가격이 전혀 만들어지지 않을 때. 즉 어떻게 계산을 해도 경쟁 판매자의 가격이 만들어지지 않을 때. 그때는 경쟁사가 특별한 공급처를 가지고 있는 것으로 간주해도 좋다. 이런 경우는 자체적인 허들(공급처)이 있는 것이기 때문에 이를 뛰어넘기 위해 상위 공급처를 서칭해도 좋을 것이며, 그것이 너무 많은 상품 사입을 요구한다면 하지 않아도 그만이다. 상품 판매 추이를 보면서 사입 물량 소화가 가능하겠다는 판단이 서면 사입을 해서 판매를 해봐도 좋다.

◆ 박리다매를 사업모델

필자는 박리다매의 사업모델을 가지고 있다. 따라서 가능한 많은 수요의 물줄기를 나에게로 끌어와야 한다. 그리고 반드시 박리다매로 사업을 해야 한다는 것이 아님을 미리 알린다. 내가 강조하고 싶은 것은 빨리 사업의 규모를 일정 수준 이상으로 키워 본인 스스로에게 소구력을 갖고 일에 집중할 수 있는 환경을 만들었으면 하는 바람이며, 이 일에 집중하여 더 큰 성과를 만들 수 있는 환경을 조성하기를 바라는 마음이다. 그를 위해서 가장 간단하고 빠른 방법이 가격 경쟁이며, 이를 위해서는 사업을 남들보다 저렴하게 혹은 최소한 동등하게 해야 하는 전제가 필요하다. 모두가 이 방식을 지양하라고 하지만 나는 이 방법을 또한 성장을 위한 여러 가지 방법들 중 하나라고 말하고 싶다.

수요가 우리를 통해서 흐르기 시작한다면 그것이 꼭 큰 성과가 아니어도 좋다. 물꼬를 트는 것이 중요하다는 뜻이며 그 자체로써 의미가 있을 것이다. 사업 규모를 키우는 데는 여러 과정이 필요하며 그 사이에서 여러 번 깎여나가고 수정하는 절차를 거쳐야 할 것이며, 자신만의 노하우가 쌓이게 될 것이다. 주문을 받아 처리하고 발주하고 포장하고 CS를 하고 고객이 수령하기까지의 과정을 관리하는 것은 쉽지 않기 때문이다. 이 책에서는 나의 노하우를 풀겠지만 모든 독자들의 상황에 100% 부합되지는 않을 것이다. 그렇기 때문에 모든 사업장에서는 나름의 노하우들이 쌓여갈 것이며 그것이 독자적인 경쟁력을 만드는 토대가 될 것이다.

◆ 한국 시장의 경쟁력

한국은 강소기업과 화장품과 반도체가 특산품이라고 할 수 있는 나라이다. 하지만 그 안에서도 들여다보면 주목받는 상품들이 있고, 사람들이 줄을 서서 사 가는 제품들이 있다. 물론 공급자들도 바보가 아니기 때문에 가격이나 물량을 조절해 판매하지만, 우리는 이를 이용해 충분히 수익을 올릴 수 있는 환경이라는 것을 설명하고 싶다.

한국의 소매시장은 외국에서도 충분히 수요가 있는 매력적인 시장이며, 내국인의 장점을 활용한다면 그 해외 수요와 효과적인 상품 소싱을 통해서 비즈니스 구조를 만들기 충분히 매력적인 상황이다. 과거에는 해외에 사는 한인들이 한국 상품을 찾는 수요가 대부분이었다. 하지만 지금은 외국인이 한국 상품을 찾아 주문하는 세상이다. 정관장 홍삼 제품을 몸에 좋다며 주문하고, 한국어를 공부하기 위해 수업 교재를 사고 또 드라마에 나온

음식을 해 보겠다며 직접 휴롬 착즙기와 쿠쿠 밥솥을 찾아 주문하는 세상이다. 즉 수요의 강을 흐르는 유량이 점점 더 많아지고 있다는 뜻이다. 나눌 수 있는 파이가 커지고 있고, 진출해 있는 판매자는 적은 곳이 바로 해외 역직구 시장이다. 말라가는 국내 내수시장과 커지고 있는 해외시장. 우리가 가야 할 방향은 자명하다!

3

지속적인 재구매 고객은 B2B로 연결하여
더 큰 매출로 연결할 수 있다

◆ 우리가 바라는 대량 구매 제안은 오지 않는다

온라인 리테일 셀러에게 한 번에 큰 매출을 가져오는 기업고객은 가뭄에 단비 같은 존재이다. 대부분의 경우 고객 클레임들도 해당 재구매 고객이 해결하기 때문에 다른 판매 건 대비 사후고객 클레임이 발생하는 비율도 B2C 판매에 비해 낮아 우리 같은 리테일(소매) 셀러에게는 소위 꿀이라고 할 수 있다. 게다가고정 매출을 만들 수 있다는 큰 장점이 있다. 하지만 우리가 시작할 사업 구조에서는 한 번에 물건을 많이 주문하는 기업고객보다는, 나는 지렛대로 삼아 드랍쉬핑 판매를 하려는 재판매 셀러를 더 빈번하게 만날 수 있을 것이다.

◆ 나의 작고 소중한 인도인 바이어

나의 경우 3년째 거래를 하고 있는 인도인 바이어가 있다. 처음에는 이베이로 여러 건을 주문했지만, 도착지 주소가 모두 달랐다. 도착지 국가 또한 제각각이었기 때문에 이 바이어가 본인이 사용하거나 선물을 할 용도로 구입을 하는 것이 아니라는 것을 알았고, 결정적으로 상품 안에 우리(발송자)를 알 수 있는 그어떤 구매 내역서나 안내 용지도 동봉하지 말아 달라는 요청을 받았기 때문이다.

처음 몇 달은 이베이에서, 그 후에는 페이팔을 통해서 직거래를 했으며 1년이 지나는 시점에서는 은행 계좌로 직접 달러를 송금 받는 파트너가 되었다. 처음에는 우리가 판매하는 상품 중 일부를 할인하여 공급하고, 그 아이템에 대해서만 판매를 했었지만, 지금은 우리 스토어의 인기 상품들을 가져가 잘 판매하고 있다. 이 바이어가 매달 우리에게 결제하는 금액은 15,000불 내외로서, 지금은 우리의 총매출에서 의미 있는 부분을 차지하는 업체가 되었다. 그리고 나는 지금도 이 인도인 바이어가 어디에서 어떻게 물건을 판매하는지 모른다. 확실한 것은 그의 영업이 나에게 해가 되지 않으며, 우리는 윈-윈 하는 파트너라는 확신이 있기 때문이다.

그리고 이렇게 오랫동안 거래를 이어올 수 있었던 이유는 일반적인 B2B와 같이 한 번에 대량으로 사입을 하는 형식이 아닌 또 다른 B2C 셀러의 공급원이 되는 것을 마다하지 않았기 때문이다. 이 단락의 도입부에서는 B2B의 대량 거래에 대한 청사진들에 관해 설명했지만, 실제로는 우리 같은 리테일 셀러에게 상품 단가가 무엇보다 중요한 B2B 거래 제의가 오기는 쉽지 않다. 본인이 제조사이거나 혹은 특별한 거래처가 있지 않은 이상은 나이지리아나 수단에서 날아오는 사기꾼들의 오퍼만 날아올 가능성이 높다. (가끔 유튜브 제휴 메시지가 오는데, 인플루언서 마케팅은 추천하지 않는다.) 대신에 우리가 하고 있는 리테일 판매를 다른 플랫폼 혹은 채널에서 하고 있는 다른 B2C 판매자의 오퍼가 올 가능성이 높다. 우리가 경쟁력을 가지는 것은 일반 리테일 판매자들 중에서 가격 경쟁력을 가지고 꾸준하게 오랫동안 판매를 하는 곳. 신뢰할 수 있으며, 원하는 도착지로 안전하게 상품을 배송해 줄, 대량 발송건에 비해 건건이 일이 많지만 그 귀찮은 일을 대신해 줄 본인의 손과 발이 될 셀러를 찾는 것이다.

◆ 이렇게 직거래로 연결하지 않더라도 B2B 거래는 이어진다

위와 같은 사례가 아니더라도 꾸준히 판매를 하다 보면, 주기적으로 우리 이베이 스토어에서 물건을 주문하는 바이어를 만날수 있다. 그들이 직거래를 굳이 제안하지 않는 이유는 이베이라는 플랫폼을 통해 보호받는 안전한 거래를 위해서이다. 이베이수수료라는 것이 15% 내외로 뻔한데, 그 금액을 아끼기 위해서 직거래라는 리스크는 지는 것보다는 그 비용을 지불하고 이베이플랫폼이라는 안전성을 선택하는 것이다. 그것이 우리가 근본적으로 이베이 플랫폼을 이용하는 이유이기도 하고, 판매 수수료를 지불하는 이유이기도 하다.

이베이 스토어는 자체적인 쿠폰 생성과 재구매 고객을 위한 혜택, 합구매 시 할인 그리고 금액대 별 할인 등 여러 가지 프로모션을 제공하는 툴을 가지고 있다. 우리 입장에서도 합배송 시배송료를 많이 절약할 수 있기 때문에 절약된 만큼을 다시 바이어에게 돌려준다면, 기본적인 가격 경쟁력에 추가적인 할인 혜택을 통해 재구매 고객을 확보할 수 있다. 그리고 이러한 바이어들은 주문관리가 원활하지 않으면 본인들 또한 본인의 고객들에게 클레임을 받는 입장이기 때문에 안정적인 공급처를 찾을 것이 당연하다. 비록 내가 검색 결과 창에서의 최저가가 아니더라도 안정적인 운영, 꾸준한 판매로 인한 피드백 점수 관리, 클레임 응대 관리 능력(네거티브 피드백 비율 관리)를 보여준다면 잠시 더 저렴한 셀러에게 갔다가도 다시 우리에게 돌아올 것이다.

◆ 다양한 국가의 다양한 B2B 고객을 만날 수 있는 기회로서의 이베이

처음부터 거물 B2B 바이어를 노린다면 알리바바로 가면 된다. 하지만 2023년 현재 알리바바의 골드서플라이어 회원 등록 비용은 연 3,999불이다. 1년 단위 계약이며, 1년 차 골드 서플라이어에게는 문의 메일도 적극적으로 오지 않는다. 그러니 이베이를 먼저 시작해 보는 것은 어떨까? 최근 중동 국가에서의 매출 증대와 오퍼 증가가 심상치 않다. 이스라엘, 사우디, UAE, 쿠웨이트, 튀르키예 등, 중동 국가로까지의 상품 노출 및 판매를 지원하는 글로벌 플랫폼은 이베이가 유일하다.

게다가 우리는 기본적으로 B2C 리테일 판매를 하면서 부수적으로 B2B 거래를 대비하는 것 때문에 여기에 목맬 이유도 없다. 느긋하게 본업(B2C)에 집중하면서, 쌓여가는 거래점수와 판매자 신뢰 점수를 기반으로 좋은 오퍼를 기다릴 수 있다. 수시로 말도 안 되는 거래제안이 오지만 응하지 않으면 그만이다. 100불에 판매하는 상품을 5개 산다며 50불을 제안하는데 여기에 응할 수는 없지 않은가? 기본적으로 꾸준함과 신뢰를 기반으로 스토어를 운영하다 보면, 몇 불 더 저렴한 가격이나 휘황찬란한 썸네일 사진보다 그 꾸준함을 더 높게 봐줄 거래 파트너가 다가올 것이다.

4

메시지 응대가 기본인 이베이, '한국 온라인 시장과의 차이점'으로 변경

◆ **전화 응대의 스트레스**

따르릉 따르릉…. 바쁜 월요일 오전에 국제전화가 오면 잘 받지 않는다. 그 이유는 운이 좋다면 몇 분 만에 궁금한 점에 대해 답변을 하고 전화가 끝나지만, 운이 없다면 30분을 넘게 한 고객 만을 응대하다가 뒤의 일정이 다 밀리기 때문이다. 문제는 명확한 증거를 동반하지 않는 상품 사용상의 문제의 경우 어떤 부분에서 문제가 발생한 것인지 특정하기가 어렵고, 문제 해결보다는 하소연 혹은 고객의 짜증을 동반한 화풀이 상대가 되기도 한다.

다행히 이베이는 메시지를 통한 의사소통이 기본이기 때문에 위의 예시와 같이 전화 응대가 늘어져 전체 업무가 지연되는 경우는 자주 발생하지는 않는다. 하지만 국내의 여러 플랫폼을 통해서 잡화를 판매하는 지인의 경험에 따르면, 네이버 스마트스토어의 경우는 문의 전화가 많이 와서 공개된 전화번호를 지우고 '톡톡'을 통해서만 문의를 받는 것으로 방침을 변경하거나, 일이 바빠 응대가 어려울 때는 전화선을 빼놓고 일을 하기도 한다. 워낙 전화 응대가 일상이라 개인 판매자에게도 대기업 콜 센터와 같이 친절하면서도 즉시 문제 해결이 되길 원하는 고객이 많아 그 기대치를 사장이 혼자 충족하기가 어렵기 때문이다.

우리처럼 시간을 효율적으로 사용해야만 하는 1인 사장의 경우 일하는 도중에 계속해서 전화 응대로 시간을 소요하게 되면 그 자체로 전체적인 업무에 지장이 생긴다. 젊은 분들은 문의 글이나 톡톡 메시지를 남기고 앱 알림 연동을 해서 답변을 받는 경우가 많지만, 온라인 구매에 덜 익숙하신 중장년층 소비자들은 지금도 전화 응대를 가장 선호한다는 것이 어려운 점이다.

◆ 메시지 응대가 기본인 이베이, 그리고 빠른 응대의 장점

다행히 이베이는 메시지 응대가 기본이며, 이베이 설문에 따르면 이베이 이용자들의 평균 답변 대기시간을 설문해 보면 24~48시간이 가장 많았다. 그리고 보통 48시간이 넘으면 다른 판매자에게 문의를 한다는 패턴을 많이 보였기 때문에 한국의 치열한 경쟁 시장에서 빠른 응대에 단련이 되어있는 판매자가 이베이로 진출한다면, 고객의 입장에서 매우 신속한 서비스를 받는다는 느낌을 줄 수 있다. 그리고 빠른 의사소통을 선호하는 마음은 동일하기 때문에, 한국에서처럼 일을 한다면 판매자 평가에서 높은 점수를 받을 수 있을 것이다. 먼 타국에서 얼굴 모르는 판매자로부터 국제 배송을 통해 원하는 물품을 전달받아야 하는 해외의 구매자를 생각한다면, 불안한 마음을 불식시키기 위해서도 그리고 다른 판매자에게 고객을 뺏기지 않기 위해서라도 빠른 메시지 답장은 중요하다.

한 가지 더 빠른 메시지 응대의 중요성을 강조하자면, 우리나라는 워낙 전자상거래가 일상화된 나라라서 온라인 판매자가 대놓고 사기를 치거나 물품을 바꿔 보내는 등의 사고가 거의 일어나지 않는다. 하지만 미국은 아직 우리나라의 10년 전을 생각해도 될 정도로 시장 전체에서 일어나는 상거래 중 전자상거래의 비중이 낮으며(2022년 기준, 한국은 26%, 미국은 14%) 특히나 우리나라에서는 외국에서 개인이 직접 물건을 구입하는 해외직구가 보편화되어 있지만, 미국은 개인이 해외에서 물품을 주문해본 적이 없는 경우가 많아 국제 특송 및 통관에 필요한 준비 서류에 대한 이해가 스마트한 한국의 소비자들에 비해 낮은 것이 사실이다. 지금도 종종 자기가 산 물품이 한국에서 오는 줄 몰랐다며 주문을 취소해달라는 요청을 받는 경우가 있다.

그리고 꼭 빨리 답장을 해야 하는 메시지의 유형 중 하나로, 이 판매자가 정말로 판매를 하는지 확인차 돌다리를 두드려보는 느낌으로 메시지를 보내는 경우가 종종 있는데, 이런 경우는 구매자의 의도를 이해하고 문제없이 스토어 운영을 하고 있으며 주문을 하면 빨리 제품을 발송할 것이니 걱정 말라는 뉘앙스의 답장만 보내도 바로 구매로 연결되는 경우가 많으므로 빠른 답장을 하도록 하자.

◆ 판매자 입장에서 한국과 미국 고객들의 차이점

판매자의 입장에서 대체적으로 미국 그리고 해외 고객들이

대하기가 편하다는 느낌을 많이 받는다. 먼저 시간적으로 여유롭다는 것이 가장 장점이다. 외국은 즉각적인 대응을 하는 문화가 아니기 때문에 하루 이틀, 시간 여유를 두고 구매자의 문제를 해결할 수 있다. 예를 들어, 빠진 구성품이 있다면 다시 보낸다거나, 작동하는 데 애로가 있다면 해결 방법을 설명하고 피드백을 받고 다시 설명을 해서 문제를 해결하는 데 큰 지장이 없다. 그리고 문제가 해결되고 나면, 항상 고마움을 표시하고 그 뒤의 클레임은 없는 편이다.

포장 상태에 민감하지 않다는 것도 한국 시장과 큰 차이점인데, 박스 제품이라면 박스에 라벨을 붙여 발송을 하는 것이 익숙한 해외의 관례이기 때문에 여기에 대해 클레임을 거의 받지 않는다. 한국이었다면 기십만 원짜리 물건을 어떻게 제품 박스에 송장만 붙여서 발송할 수 있냐는 클레임을 받을 수 있을 것이다. 가끔 이동 중에 정말로 파손이 되었다면 그것은 다른 문제겠지만, 내용물만 문제가 없다면 포장 상태가 안 좋다거나 포장을 대충했다는 클레임은 거의 없기 때문에 여기에 대해서는 스트레스를 받지 않는다.

◆ 영어 소통에 대해서

영어 사용에 대해 걱정하는 분들이 많을 것으로 생각한다. 실제로 해외 판매를 한다고 하면 의사소통을 어떻게 하는지를 물어보는 분도 많은데, 요즘은 번역기 성능이 아주 좋기 때문에 번역기만 사용해도 메시지로 소통을 하는 데 전혀 문제가 없다. 구글 번역기는 내가 구글에서 가장 사랑하는 기능이며, 이것이 없었다면 나는 이 비즈니스를 하지 못했을 수도 있다.

경력이 오래되었기 때문에 지금은 잘 하지 않느냐는 질문에도, 나는 지금도 영어로 통화를 하지 못한다. 그리고 영어에 능통하지도 않다. 메시지를 매일 보내기 때문에 자주 쓰는 어휘나 문장은 외우지만, 오해의 소지를 만들지 않기 위해 번역기를 두 번 세 번 돌려서 내가 생각하는 의미가 담긴 메시지를 보낼 뿐이다. 그리고 이렇게 소개하는 이유는 문장이 이상하다거나 번역기 어투라는 이유로 일을 하는 데 문제가 발생한 적이 전혀 없기 때문에 영어가 부족하다고 해서 해외 판매를 포기하거나 주저하는 분이 없기를 바라기 때문이다.

최근에는 미국 구매자 중에서도 스페인어를 사용하시는 분들이 많다. 서로 "영어를 잘 못해서 미안해요"라는 메시지를 주고

받던 기억이 난다. 히브리어만 쓸 수 있는 분과도 번역기로 소통
하여 판매를 잘했었음을 밝힌다.

5

레드오션,
비즈니스 효율화로 넘어서라

◆ 블루오션도 아니고 웬 레드오션?

새로 사업을 준비하는 마당에 블루오션을 외치지는 못할망정, 무슨 레드오션이냐는 생각을 할 수 있다. 해외 판매를 비롯해 새로운 사업을 구상하고 계신 분들이 공통적으로 하는 말이 있다. "좋은 아이템이 없다"라는 말이다.

현실적으로 지금의 불확실한 상황에 새로운 사업 혹은 퇴근 후 부업을 준비하는 분들은 일확천금이나 허황한 비전을 쫓는 분들이 아니다.

그분들의 날카로운 눈으로 잘될 수 있는, 그리고 최소한 망하지 않을 아이템을 걸러내고 또 시장 조사를 몇 번이고 했을 것이다. 하지만 그 어떤 생소한 아이템, 그 어떤 틈새시장에도 이미 판매자가 있고, 생각지도 못했던 경쟁자들이 존재한다는 것이다.

나도 크게 공감하는 말이다. 내가 하는 분야는 물론이고, 괜찮다 싶은, 직접 해 보면 어떨까 생각하는 모든 분야에 이미 내 경쟁자들이 다 포진하고 있다. 그렇기 때문에 나만의 블루오션을 기대하는 것보다는 접근 가능한 레드오션에서 경쟁력을 갈고 닦는 것이 눈에 보이는 성장을 위해서는 더 유리하다는 결론을 내렸고 내가 특화되는 부분에서 효율화를 더 만들어 낼 수 있다면 충분히 가능성이 있다고 내다봤다.

◆ 나의 비즈니스 효율화 경험

레드오션에서의 경쟁력은 결국은 인건비와 제반 비용을 최소화하고, 구매자에게 더 높은 구매 효용을 안기는 방법밖에는 없다. 가장 쉬운 방법이 가격 경쟁력을 갖는 것이고, 모두가 하고 싶은 방법은 브랜딩이라고 할 수 있다.

더 세부적으로는, 포장 방법을 단순화하고 물품 사입과 고객 소통 과정을 체계화해서 시간을 줄이는 방법으로 시간 단위당 소화해 낼 수 있는 주문량을 늘리는 방법이 있다. 무조건적으로 몸을 갈아 넣어야 한다는 뜻이 아니다. 똑같은 시간이 경쟁 판매자는 주문을 50개만 소화할 수 있고, 넘어가는 주문량에 대해서는 직원을 채용해서 운영할 때, 우리는 똑같은 시간에 80개의 주문을 혼자서 소화할 수 있다면 그 자체가 경쟁력이다.

예를 들면, 같은 마진의 상품이라면 포장에 시간이 많이 소요되는 아이템은 배제해 포장 과정을 간단하게 만들어 시간당 포장 속도를 올린다거나, 고객 문의를 전화 대신 기업 카카오톡 채널을 개설하여 전화 문의 대신 카카오톡을 이용하여 응대하는 방법 등이 있다. 아이템을 걸러내게 되면 매출에서 손해를 볼 수 있다. 그리고 기업 카카오톡 응대 또한 전화 응대를 선호하는 소비자의 입장에서는 불만을 가질 수 있는 방식이다. 하지만 전화를 받으며 한 사람을 응대하며 5분, 10분을 사용하는 것과, 카카오톡 대화창을 3개, 4개씩 띄워 텍스트로 대응을 하는 것은 몇 곱절의 효율 차이가 발생한다. 모든 것을 100% 고객 만족 상태로 가져갈 수는 없다. 가용시간 대비 효율이 높은 방법 위주로 가져가자.

다만 우리는 혼자서 이 일들을 해 나가야 하는 상황인데 개인의 노력만으로는 '계란으로 바위 치기'인 상황을 마주할 수 있다. 사업 혹은 아이템 카테고리 자체가 매우 고도화되어 개인의 역량으로는 도저히 엄두를 낼 수 없는 분야 혹은 아이템. 이런 아이템은 우리가 가야 할 방향이 아니다. 대표적으로는 대기업들의 전쟁터가 된 화장품 시장이 있다. K 뷰티는 현재진행형이지만, K 뷰티의 온라인 소매시장은 더이상 신규 판매자들에게 매력적이지 않다. 우리는 같은 노력으로 다른 카테고리에서 더 큰 수익을 만들어낼 수 있다.

이베이를 포함한 해외 판매 시장은 판매자가 점차 늘어나고 있지만 아직은 사업적인 완성도가 고도화되지 않은 분야이다. 큰 대기업이 진입해 있다든가, 독보적인 장악력을 가지고 있는 회사가 아직 이 분야에 존재하지 않는다. 대기업이 들어오기에 아직은 시장의 파이가 작기 때문일 것이다. 중소 규모 업체들의 경쟁인 이 시장에서는 충분히 개인 단위의 능력을 발휘해 남과 다른 결과를 만들어낼 수 있는 시장이다.

모두가 똑똑해지고 효율을 중시하고 가격 대 성능비, 거기다 시간 대비 성능비까지도 생각하는 세상이다. 그럴수록 오히려 남들이 덜 고려하는 방향이 거꾸로 나의 경쟁력이 될 수 있다. 내가 봤던 엄청난 1인 사장님은 업무에 대해 아웃소싱을 전혀 하지 않았다. 일부러 혼자 일하는 것을 고집하셨다. 최고의 효율을 내는 본인만의 방법으로 같은 시간에 남들의 두 배 세 배 양의 일을 소화하면서 아침부터 밤까지 일하셨다.

10년, 20년을 이런 방식의 업무 방식을 유지하기는 어렵지만, 사업 초창기에는 이런 마음가짐이 필요하다. 사장이 사업 전반의 모든 부분을 알고 있어야 한다고 생각한다. 그래야 추후 직원이 생기더라도 업무 인계 과정을 비롯하여 문제가 발생했을 때 대응을 원활하게 할 수 있다.

◆ 이베이를 추천하는 이유

내가 많은 사업 아이템들 중 이베이 해외 판매를 추천하는 이유는 첫 번째로 Chapter.1에서 설명했던 무자본 운영이 가능한 사업이기 때문이며, 두 번째는 고도화되지 않은 레드오션 즉, 덜 성숙된 시장이기 때문이다.

빚을 지지 않고 무자본으로 사업을 할 수 있는 것에 대한 이점은 1장에서 여러 번 설명했지만, 이점은 몇 번을 더 강조하더라도 모자라다. 신용카드 결제와 빠른 정산 그리고 선결제를 통해서 무한히 레버리지를 발생시킬 수 있는 장점이라는 것을 다시 한번 강조하고 싶다.

두 번째 이베이는 한국에 소개된 지 오래되지 않았기 때문에 경력이 10년 넘는 판매자가 많지 않으며 아직은 경쟁자들 또한 고만고만한 시장이다. 지금 진출해도 충분히 가능성이 있다. 네이버 스마트스토어 같은 경우는 이미 인기 키워드의 경우 1페이지에 내 상품을 올리기가 매우 어렵거나 광고비를 몇백만 원 단위로 써야 그나마 유입이 되고, 구매 후기가 많이 쌓인 판매자들 위주로 재편되어 신규 판매자가 설 자리가 없는 상황이다.

한국 상품들에 대한 니즈는 해외에서 계속 커지고 있고 이베이 플랫폼은 이를 주목하여 한국의 신규 판매자들을 위해 활짝 열려있다. 큰 가능성을 기다리는 당신을 위한 마켓이다. 이베이를 주목하자.

6

이베이 코리아 판매지원센터를
적극 활용하라

15년 전 처음 이셀모 카페를 통해 이베이 원데이 속성 강의를 듣고 이베이 계정을 만들었을 땐 이베이 코리아 지원센터라는 것이 없었기 때문에 문의를 모두 이베이 본사로 영어 메일로 문의를 했었다. 그때만 해도 모든 것이 어렵고 낯설었다. 계정 만들기부터 상품 등록, 배송 설정, 고객 응대까지 하나부터 열까지 혼자서 번역기를 쓰고 부딪쳐가며 배워야 했다. 교육을 받았던 카페를 통해 물어보기도 했지만, 실제로 내 상황에 딱 맞는 설명은 많지 않았고, 질답을 통해서 다른 사람의 지식을 얻는 것보다, 직접 부딪히면서 배우는 지식이 훨씬 습득이 빨랐다. 물론 그래서 시행착오도 많았고, 엉뚱한 방법으로 한참을 돌아가기도 했다.

교육을 듣고 와서는 몇 년을 혼자서 배운 대로 일만 했다. 다행히 매출이 점차 올랐기 때문에 일이 점점 바빠졌고, 7~8년 가까이 매년 매출이 늘었기 때문에 일하는 방법이나 고객 응대를 더 잘 더 빠르게 하는 방법에 대해서는 혼자서 연구를 했지, 이베이의 도움을 받는 것은 생각을 하지 않았다. 아니, 오히려 초창기에 안되는 영어로 이베이와 직접 소통을 하려다 일이 더 꼬였던 경험이 있어서 이베이의 도움을 받아서 문제를 해결할 수 있을 것이라는 생각 자체를 하지 못했던 것 같다.

솔직히 말하면 처음엔 기대도 안 했다. '그냥 기본적인 질문이나 받아주는 고객센터 아닐까?' 싶었다. 근데 막상 이용해 보니까 이건 단순한 헬프데스크 수준이 아니었다. 진짜 셀러 입장에서 필요한 걸 콕 집어서 알려주는, 맞춤형 가이드 창구 같은 느낌이었다.

예전에 한 번은 판매가 잘 되던 계정에서 갑자기 조회수가 뚝 떨어졌던 적이 있다. 상품도 그대로였고, 가격도 바꾼 게 없는데 이유를 알 수 없었다. 판매지원센터에 문의해 봤더니 계정 내 품질 점수 항목 중 하나가 기준치를 벗어나면서 노출에 제한이 걸렸다는 걸 알게 됐다. 특히 트래킹 넘버 등록이 1~2일씩 늦어진 게 누적되면서 영향을 줬다고 했다. 그 말을 듣고 나서 바로 대응했고, 그다음 달에는 매출을 곧바로 다시 회복했다.

그때 느꼈다.

'혼자 계속 헤매느니, 그냥 물어보는 게 훨씬 빠르구나.'

판매지원센터는 단순히 계정 문제 해결만 해주는 게 아니다.

내가 판매하는 카테고리 트렌드, 리스팅 최적화 방법, 추천 키워드 전략, 새로운 정책 변경 사항까지 알려준다. 이메일로 뉴스레터도 오고, 관리계정이 된 후 요청하면 예전 실적 기반으로 개선할 만한 부분을 구체적으로 짚어주기도 한다. 나는 어느 순간부터 연간으로 한 번씩 판매지원센터에 연락해서 내 계정 상태를 점검받는다. 뭔가 문제가 생기고 나서 고치는 것보다, 미리미리 체크하고 선제적으로 대응하는 게 훨씬 효율적이기 때문이다.

이베이를 오래 하다 보면 '나는 이제 웬만한 건 다 안다.'라는 생각이 들 수도 있다. 나도 한때는 그랬다. 그런데 정책은 계속 바뀌고, 시스템도 조금씩 달라진다. 알고 있던 기준이 바뀌었는데도 예전 방식대로 하고 있으면, 판매에 영향을 주는 건 순식간이다. 판매지원센터는 이런 변화들을 빠르게 캐치해서 정리해주기 때문에, 셀러 입장에선 일종의 조기경보 시스템처럼 활용할 수 있다.

무엇보다 이베이 코리아의 판매지원센터는 한국 셀러 입장에 맞게 운영된다는 게 큰 장점이다. 미국 본사의 고객센터는 말도 어렵고, 복잡한 정책은 돌아 돌아 답을 줘서 속이 터질 때도 있다. 반면 이베이 코리아 쪽은 실제로 국내 셀러들이 자주 겪는 문제를 잘 알고 있고, 응답 속도도 빠르고, 말이 잘 통한다. 셀링리밋, 계정 정지, 배송 문제, 바이어 컴플레인 같은 민감한 문제들도 상황에 맞게 구체적으로 도와준다.

나도 예전에 처음엔 '고객센터가 유용한 답변을 해 줄까' 하는 생각이 들었던 적이 있다. 근데 막상 물어보면 답장도 되게 빠르고, 셀러가 잘 성장할 수 있도록 도와주겠다는 태도가 느껴진다. 이건 진짜 해 본 사람만 아는 포인트다.

지금도 나는 어떤 셀러가 이베이를 시작한다고 하면, 제일 먼저 "이베이 코리아 판매지원센터부터 저장해두라"라고 말한다. 혼자 해도 되긴 한다. 근데 오래 걸린다. 괜히 돌고 돌기보다, 내 계정의 상태를 같이 들여다봐 줄 수 있는 조력자를 두고 시작하는 게 훨씬 빠르다. 나는 그걸 너무 늦게 알아서, 조금 아쉬울 정도다.

이베이를 제대로 하고 싶다면, 혼자 하지 마라.

이베이 코리아 판매지원센터는 셀러의 파트너다.

궁금한 게 생기면 묻고, 막히는 일이 생기면 연락해 보자.

잘 활용하는 셀러가 결국 더 빠르게 성장한다.

Chapter.3

이것만 해도
매출 5배 오른다
: 하루 30분
이베이 Start!

1

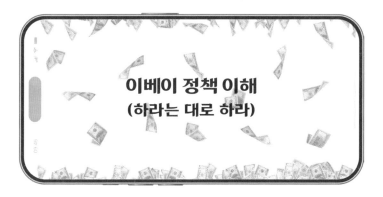

"하라는 대로만 했는데도 팔리더라고요."

이 말은 내가 이베이를 시작하고 몇 년쯤 지나서야 진짜로 이해하게 된 말이다. 처음엔 그냥 상품만 잘 올리면 알아서 팔리는 줄 알았다. 대표 이미지 잘 만들고, 상품 타이틀 잘 뽑고, 가격만 저렴하게 맞추면 되겠지 싶었는데, 현실은 전혀 그렇지 않았다. 분명 괜찮은 상품인데 1페이지 노출은커녕 3~4페이지에서 물품이 검색되고, 판매도 안 되는 날들이 반복됐다. 그때는 도대체

뭐가 문제인지 알 수 없어서, '운이 없나 보다' 하고 넘기곤 했다.

하지만 시간이 지나면서 조금씩 이베이의 시스템과 정책이라는 걸 이해하게 됐다. 단순히 상품만 등록한다고 끝나는 게 아니라, 플랫폼이 중요하게 여기는 신뢰 지표를 만족시켜야 한다는 걸 알게 된 거다. 예를 들어, 상품을 등록할 때 기재할 수 있는 Specification 항목을 꼼꼼하게 적는다든지, 핸들링 타임을 지킨다든지, 트래킹 넘버를 제때 입력한다든지, 고객 메시지에 빨리 답한다든지 하는 아주 기본적인 것들이 실제로 판매에 직접적인 영향을 준다. 처음엔 이런 기준들이 다소 까다롭고 귀찮게 느껴졌지만, 나중엔 이게 오히려 정답이 있는 게임이라는 걸 알게 됐다. 이베이는 감정이 아니라 숫자와 데이터로 움직이는 곳이니까.

내가 가장 많이 효과를 본 정책은 상품을 리스팅 할 때 'Specification' 항목을 최대한 자세하게 기입하는 것이었다. 예를 들어, 태블릿을 등록할 때, 브랜드와 시리즈, 용량은 물론, 탑재된 프로세서의 종류, 용량, 색상 등등의 내용을 상품 설명뿐만 아니라 'Specification'에도 다시 한번 작성을 하는 것이었다. 나중에서야 그 이유를 알게 되었는데, 모바일 화면에서는 판매자가 올린 상품 설명 화면보다 상품의 대표 이미지와 제목, 그리고

'Specification' 항목들이 가장 중점적으로 표시되기 때문이었다. 전체적인 상품 페이지 설정을 최적화한 후, 이베이 스토어의 전체 매출이 20%가량 올랐었다. 의도한 것은 아니었지만 우연히 모바일 최적화를 하게 되어 노출 및 구매 전환이 상승하게 된 일이었다.

한 번은 핸들링 타임을 3일로 설정해놓고 실제로는 하루 만에 발송한 적이 있었다. 그런데 트래킹 넘버 입력을 깜빡하고 이틀 뒤에야 올렸다. 난 내가 빠르게 배송했으니까 아무 문제 없다고 생각했는데, 나중에 보니까 시스템상 '늦은 발송'으로 체크돼 있었다. 황당했지만, 그때 확실히 배웠다. 중요한 건 실제로 언제 보냈느냐가 아니라, 이베이가 확인할 수 있는 기록이 언제 남았느냐는 거다.

또 이런 경우도 있었다. 주문이 몰리는 시즌에 잠깐 방심하고 메시지 응답이 늦어진 적이 있다. 별거 아닌 것 같아도, 이베이는 고객 응답 속도까지 평가 지표로 삼는다. 나중에 판매자 상태 점수가 떨어졌고, 노출도 뚝 떨어졌다. 그때부터는 메시지 확인을 하루 두 번씩 꼭 하는 습관을 들였다. 이런 자잘한 디테일들이 쌓여서 신뢰를 만들고, 그 신뢰가 매출로 이어지는 구조다.

사실 이베이는 판매자에게 굉장히 친절한 플랫폼이다. 왜냐면 판매자가 지켜야 할 것들이 정책으로써 정해져 있고, 그 정책을 지키면 검색 결과 노출로써 보상을 주는 구조이기 때문이다. 어디에도 이만큼 규칙이 명확한 마켓플레이스는 드물다. 처음엔 어렵고 복잡해 보여도, 정책 문서를 하나하나 읽어보고, 그에 맞춰 운영을 조정하다 보면 어느 순간부터는 일도 편해지고, 판매도 자연스럽게 늘어난다. 꼭 창의적인 전략을 짜지 않아도 된다. 그냥 하라는 대로만 해도 기본 이상은 간다. 왜냐면 대부분은 이전에 본인이 국내 마켓에서 하던 대로, 그리고 본인 생각대로 스토어를 운영하기 때문이다.

이베이에서 성과를 내기 위한 출발점은 거창한 전략이 아니라, '기본기'에 있다. 초보 셀러라면 이 정책들을 먼저 꼼꼼히 읽어보고, 체크리스트처럼 실천해 보길 추천한다. 나 역시 그렇게 시작했고, 지금도 그 원칙을 지키고 있다. 지금 이 순간에도 이베이는 '정직하게 정책을 지키는 셀러'의 상품을 더 많은 고객에게 보여주고 있다. 그 구조를 이해하고 나면, 이베이는 더 이상 어려운 시장이 아니다. 오히려 가장 공평하고, 꾸준한 셀러에게 기회를 주는 시장이다.

2

상품선정 고민할 때, 일단 다 등록해라

이베이를 막 시작했을 때 가장 오래 잡고 있던 게 바로 상품 선정이었다. 무엇을 팔아야 할지, 어떤 게 잘 팔릴지, 경쟁은 얼마나 치열할지…, 이런 것을 하나하나 따져보다 보면 하루가 그냥 가버린다.

실제로 나도 처음 시작할 땐 상품 하나 올리기까지 며칠을 고민했던 적도 있다. 괜히 잘못 올렸다가 안 팔리고 시간만 버릴까봐, 아예 시작을 못 한 날도 많았다. 그런데 막상 시작해 보니 알게 되었다. 어차피 처음부터 되는 상품을 고를 확률은 거의 없다는 것을.

그러니 내가 그걸 아무리 고민해도 마찬가지다. 머릿속에서 시뮬레이션을 돌리면 돌릴수록 정답은 안 나온다.

그래서 결국은 이렇게 정리하게 됐다. "일단 다 올려봐라. 반응은 등록한 뒤에야 보인다."

예전에 실제로 있었던 일이다.

그때 나는 장난감과 수집품들을 주로 올리고 있었는데, '이건 잘 팔릴 것 같다' 싶은 걸 골라서 올렸는데도 반응이 없었다. 변함없이 팔리는 상품 몇 가지만 계속해서 판매되는 상황이 이어졌다.

이러다가는 망하겠다 싶어 돈을 버는 것은 차치하고 이베이 판매 순위를 찾아서 상위에서부터 내가 판매할 수 있는 상품을 다 올렸더니, 생각보다 클릭도 많고 주문도 들어왔다.

내가 생각한 '잘 팔릴 것 같은 상품'이 아니라, 바이어가 찾는 상품이 중요하다는 걸 그때 처음 체감했다.

상품을 다양하게 등록하다 보면 데이터가 축적된다. 어떤 상품은 조회수는 높지만 구매 전환이 낮고, 어떤 상품은 클릭률은 낮지만 구매로 이어지는 경우도 있다. 이 데이터를 바탕으로 상품명을 수정하거나 설명을 보완하고, 필요한 경우 이미지를 다시 구성하는 식으로 개선이 가능하다. 이 과정이 반복될수록 상품에 대한 감이 생기고, 선택의 정확도도 높아진다. 하지만 그 출발점은 상품 리스팅이다. 상품을 올리지 않으면 유입도 없고 아무런 데이터도 얻을 수 없다.

물론 상품을 아무렇게나 날림으로 등록하라는 의미는 아니다. 판매가 되고 있는지 등의 기본적인 시장 조사나 경쟁 분석은 필요하고, 다른 챕터의 내용처럼 효율적이고 정확한 정보를 기반으로 등록해야 한다. 다만 하나의 상품을 놓고 지나치게 긴 시간 고민하는 것보다는 일정 수준에서 기준을 정하고, 여러 개를 동시에 등록해 반응을 확인하는 방식이 훨씬 효율적이라는 뜻이다.

이베이는 한 번 등록한 상품을 언제든지 수정할 수 있다. 클릭 수가 낮으면 제목을 바꾸고, 반복적으로 들어오는 문의가 있다면 설명을 보완하며, 반품이 생기면 사유를 분석해 상세 정보를 보충할 수 있다. 처음부터 완벽하게 등록하려고 하기보다, 일단 일정 수준에서 등록하고 데이터를 기반으로 개선해나가는 접근이 더 효과적이다.

실제로 상품 등록에는 체력과 집중력이 요구된다. 하루에 열

개 이상의 상품을 올리는 경우라면 일정한 작업 루틴을 정해두는 것이 좋다. 자주 사용하는 문장이나 키워드는 미리 정리해두고, 비슷한 유형의 제품은 이미지 구성이나 설명 템플릿을 통일하면 시간을 단축할 수 있다. 이러한 준비는 등록의 속도와 품질 모두를 높이는 데 도움이 된다.

무엇보다 상품 등록은 실행이 중요하다. 시간이 지날수록 판매 기회는 줄어들고, 등록이 늦어지면 그만큼 노출 기간도 짧아진다. 이베이에서 상품은 오래 살아남을수록 데이터가 쌓이고, 더 나은 노출 기회를 얻는다. 결국, 상품 선정의 정답은 등록 이후에 찾아온다. 고민은 줄이고, 실행을 빠르게 가져가는 것이 이베이에서 유리한 방향이다.

3

상품 등록에 목숨 걸되,
효율도 놓칠 수 없다

이베이에서 판매를 하다 보면 한 가지는 분명해진다.

상품 등록은 곧 '노출의 시작'이자 '매출의 시작'이다.

그만큼 중요하다. 게다가 앞에서 설명했던 것처럼 사진, 제목, 설명, 세부항목까지 꼼꼼하게 챙겨야 한다. 근데 문제는 여기서 끝이 아니라는 거다. 상품을 많이 등록해야 팔릴 확률도 높아진다. 그런데 리스팅 한 개 등록하는 데 1시간씩 걸린다면? 하루에 10개를 등록하기도 힘들어진다.

나도 초반엔 그랬다. 리스팅을 하나 올리는 데 상품 설명을 몇 번이나 고치고 구성품 목록을 두 번 세 번 확인하고, 이미지를 5~6장 만들어 놓고도 마음에 안 들어 다시 만들고…. 그렇게 하면 한 개 등록하고 나면 진이 다 빠진다. 물론 처음이니까 신경 쓰는 건 당연한데, 그렇게 오래 걸리다 보면 등록 자체가 부담이 되고, 결국 손이 느려진다.

문제는 이베이에선 그게 바로 매출과 직결된다는 점이다. 상품을 많이 등록한 사람이 더 많이 팔릴 가능성이 높다. 그래서 어느 시점부터는 정성도 중요하지만, 효율도 같이 챙겨야 한다는 걸 깨달았다.

처음부터 상품 페이지를 완벽하게 만들려고 하면 끝이 없다.

대신 나는 이렇게 생각했다. "첫 번째 등록은 70점이면 충분하다. 수정은 나중에 하면 된다."

한 번 등록해놓고 나서 반응을 보고 수정해도 된다. 클릭률이 낮다면 제목을 바꾸고, 상품 설명과 다르다며 반품이 들어오면 그 부분에 대한 설명을 보강하고, 메시지가 자주 오는 항목은 상세페이지를 수정하면 된다. 이게 훨씬 효율적이다.

또 하나, 나는 자주 쓰는 문장과 키워드를 미리 엑셀이나 메모 프로그램에 정리해 둔다.

예를 들면 이런 식이다.

- 상품 설명 기본 틀
- 배송 안내 문장
- 반품 조건
- 자주 쓰는 키워드 조합

이걸 '템플릿'처럼 저장을 해 두고 사용하면 상품 등록 속도가 많이 빨라. 심지어 이미지도 템플릿화가 가능하다. 포토샵 파일 내에서 비슷한 카테고리 제품은 구도나 배경, 워터마크 등을 통일해놓으면 이미지를 만드는 속도가 훨씬 빨라지고, 통일감이 생겨 보기에도 깔끔하다. 혼자서 하루에 상품 10개 이상 등록하려면, 이런 식으로 틀을 만들어야 한다.

한때는 '하나하나 공들여야 잘 팔리지 않겠나' 하는 생각에 정말 시간과 정성을 쏟아부은 적도 있었다. 근데 결과는 반반이었다. 정성 들인 상품도 안 팔릴 때가 있고, 별 기대 없이 올린 상품이 대박 나는 경우도 있었다. 그걸 보고 나서 마음이 조금은 가벼워졌다.

사람들은 상품 리스팅만 보고 사는 것이 아니라는 것을 알게 되었고, 같은 공산품일 경우에는 상품 설명이 무의미한 경우도 있었다. 어차피 같은 상품이니까. 그리고 판매자의 판매 실적을 보고 사는 경우도 많기 때문에, 리스팅을 반드시 완벽하게 올려야 한다는 강박에서 벗어나니 등록 속도도 빨라지고 오히려 실적도 나아졌다.

물론 대충 하자는 얘기는 아니다. 상품 정보는 정확해야 하고, 사진은 뒷배경을 화이트로 깔끔하게 만들어야 한다. 하지만 처음부터 완벽하게 만들 필요는 없다. 등록은 시작일 뿐이다. 고객 반응에 따라 계속 수정하고 보완할 수 있다. 이게 이베이의 장점이기도 하다.

등록 업무에서 또 하나 중요한 건 체력 관리다.

상품 10개 등록하려면 생각보다 집중력이 많이 필요하다. 나는 지금도 상품 대량 등록하는 날엔 일단 오전에는 외부 일정을 안 잡는다. 커피 한 잔 내려놓고, 템플릿 파일 열고, 사진 정리한 뒤 한 시간 타이머 맞추고 앉는다. 그렇게 하면 집중도 잘 되고, 등록 속도도 올라간다.

그리고 중요한 건, 등록을 미루지 않는 거다. 계속해서 새 상품이 리스팅 되어야 스토어 전체 상품의 노출도에도 긍정적인 영향을 미치기 때문이다.

상품 등록은 빠르면 많을수록 좋다. 빨리 올라가야 그만큼 오래 노출되고, 오래 팔릴 기회가 생긴다. 노출은 등록한 시간부터 시작되니까, 고민보다는 실행이 먼저다.

결론은 이거다. 상품 등록엔 어느 정도의 정성과 효율이 반드시 같이 가야 한다.

아무리 좋은 상품이라도 올리지 않으면 팔릴 수 없다.

완벽하게 하려다 지치지 말고, 적당한 기준에서 '먼저 올리고, 나중에 고친다'라는 전략으로 가자.

이베이에선, 손이 빠른 사람이 결국 더 많이 판다.

해외바이어 응대 핵심
: 유연하게 대처하되 빠른 답장을 위해
유형별 답을 준비

이베이 판매를 시작하고 계속해서 상품 등록만 하다 보면 어느 순간부터는 상품을 올리는 것보다 고객 메시지에 답하는 일이 더 중요하다는 것이 느껴질 때가 있다. 처음엔 영어가 부담스러워서 메시지를 받으면 답장하는 게 겁부터 났다. "내가 이걸 제대로 이해한 게 맞나?", "괜히 이상하게 답했다가 클레임 들어오면 어쩌지?" 이런 걱정 때문에 며칠씩 메시지를 미루기도 했다. 근데 이게 다 실수였다. 질문에 바로, 명확하게, 친절하게 답

120

하는 것만 잘해도 구매 전환율이 확 올라간다. 왜냐면 어떤 바이어는 실제로 이 셀러가 일을 하는지 궁금해서 인사치레로 메시지를 보내는 경우도 많기 때문이다. 어떤 경우는, 내가 답변을 너무 잘해줬다고 고맙다며 구매 후 피드백까지 남겨주는 바이어도 있었다.

경험상, 바이어들이 보내오는 질문은 대부분 몇 가지 유형으로 나뉜다.

첫 번째는 배송 관련 질문이다. "물건이 언제 도착하느냐?", "트래킹 넘버가 있느냐?", "내 나라(혹은 지역)에도 배송이 되느냐?" 같은 질문들이다. 이건 미리 답변을 정리해두면 훨씬 편하다. 예를 들어, "Handling time is 3 business days, and average delivery takes about 4~5 business days depending on the destination." 같은 문장은 '복붙'용으로 준비해 두면 유용하다. 나는 이런 템플릿을 메모장에 정리해 놓고, 질문이 오면 빨리 복사해서 붙여 넣고 필요한 부분만 수정한다.

두 번째는 제품 상세 질문이다. "이 제품은 220볼트던데 미국에서 사용이 되느냐?", "물건 보증이 어떻게 되느냐?", "리퍼 제품이냐 새것이냐? 포장 씰이 제대로 붙어 있느냐" 등. 이런 질문은 사실 대부분 상품 설명에 써 놓은 내용인데도 물어본다. 왜냐면 모바일로 쇼핑하는 바이어는 긴 설명을 다 읽지 않는 경우가 많다. 그래서 반복해서 물어보는 질문은 따로 정리해두고, 짧고 명확하게 다시 설명해 주는 게 중요하다. 나는 예전에 자주 받았던 질문들을 따로 모아서, '자주 묻는 질문 답변 리스트'를 만들었다. 덕분에 매번 새로 고민할 필요 없이, 빠르고 일관된 응대를 할 수 있었다.

세 번째는 가격이나 조건에 대한 제안이다. "배송비만큼을 할인해 주면 안 되느냐?", "여러 개 사면 할인 되느냐?", "내가 내는 관세를 포함해서 가격을 조정해 달라" 등. 이런 건 상황마다 다르긴 한데, 기본 원칙을 정해두는 게 좋다. 나 같은 경우는 '배송비는 무료로 유지하되, 상품 할인은 묶음 주문일 경우만 일부 가능'이라는 기준을 가지고 있다. 처음에는 바이어한테 잘 보이려고 조건을 막 바꿔주기도 했는데, 그럴수록 오히려 다른 바이어들과 형평성이 안 맞고, 또 그런 바이어들은 꼭 다시 방문해서 예전 조건 혹은 더 좋은 조건을 달라고 계속 흥정을 한다. 그러면 결국 나도 흔들리더라. 결국, 판매자도 기준을 세워야 오래갈 수가 있었다.

처음에는 영어로 답변하는 게 많이 부담스러웠다. 근데 파파고, 딥엘, 구글 번역기만 잘 활용해도 충분하다. 중요한 건 완벽한 문장이 아니라 상대가 궁금한 걸 빠르고 정확하게 알려주는 것이다. 내 경험상, 하루 안에 답장을 보내고, 구체적이고 친절한 말투를 쓰면 응답률과 구매 전환율이 확실히 올라간다. 반대로, 메시지를 하루 이틀씩 미루면 바이어는 이미 다른 셀러한테 가버린다. 구매를 할지 말지 망설이는 바이어한테 질문 응대는 마지막 밀어주는 한 마디 같은 역할을 한다.

그리고 무엇보다도 이것을 절실하게 느낄 때는 고객을 놓쳤을 때다. 한번은 주말이 지나 월요일에 메시지들을 확인하는데, 매우 급한 어조로 당신이 확인 답변만 빨리하면 바로 주문을 할 것 같은 뉘앙스의 메시지가 있었다. 꽤나 큰 금액의 주문 건이었는데 나는 그로부터 주문을 받는 즐거운 상상을 하며 바로 답장을 보냈지만, 그로부터 "미안하지만 다른 바이어에게 이미 주문했어"라는 답변을 받았었다. 메시지 응대가 빨라서 늘어나는 매출은 측정하기가 어렵지만 이렇게 놓치는 매출은 깊은 아쉬움으로 남아 한동안 메시지 응대를 주말, 밤낮없이 하게 되는 계기가 되기도 했다.

나는 지금도 메시지를 받으면 무조건 24시간 이내, 가능하면 12시간 안에 답하려고 한다. 그게 어렵다면 자동응답 기능이라도 켜두는 게 좋다. 실제로 몇 번은 바이어가 "빠른 답변 정말 고맙다"라며 추가로 다른 상품을 주문한 적도 있었는데, 이처럼 메시지는 단순한 커뮤니케이션이 아니라, 판매의 마무리이자 신뢰의 시작이다.

이베이에서 고객 응대는 일이 아니라 기회다. 질문을 받고 나서 그걸 잘 활용하면, 광고 하나 없이도 판매를 더 끌어낼 수 있다.

5

모든 셀러들의 고민, 언어?
: 우리에겐 AI 번역기가 있다

◆ 영어 공포증은 안녕

먼저 필자가 수능 당시에 받았던 외국어 성적이 9등급이었음을 밝힌다. 그만큼 필자에게 외국어는 큰 벽이었고, 지금 생각하면 무슨 용기로 영어 쓰는 일을 시작했는지도 잘 모를 만큼 영어를 못했다. 영어는 잘하지 못했지만 번역기 성능은 당시에도 좋았기 때문에 곧잘 해외 웹사이트들을 번역기를 이용해 서핑하곤 했었다. 이베이를 시작하면서 고려했던 부분들은 이 일이 메시지로만 주고받는 일이라는 점. 다행히 영어로 듣거나 말하는 일이 없다는 점이 이베이를 시작하게 한 부분이었다. 이베이 사이트 메뉴도 웹페이지 번역을 통해 이해가 모두 가능했기 때문이기도 했다. 이 당시만 해도 번역기가 잘 나왔기 때문에 충분히 업무가 가능하다는 판단하에 일을 시작했는데 다행히 내 예상이 잘 맞아떨어져 일하는 데 언어적으로 문제가 되는 일은 없었다.

그리고 세상 사람 모두가 영어를 잘하는 것은 아니라는 것을 일을 하면서 많이 깨달았다. 생각보다 많은 사람들이 나만큼 더듬더듬 영어를 한다는 것을 알았고, 우리가 외국인의 완벽하지 않은 한국말을 잘 이해할 수 있듯이, 그들 또한 번역기 말투의 내 메시지를 알아서 다 이해하고, 답변을 해 준다는 것을 알았다. (이것을 알게 된 것은 생각보다 나중의 일이었다. 처음에는 번역기가 정말 완벽한 줄 착각을 했다) 나의 경험에 따르면 라틴계 바이어들이 더듬더듬한 영어로 메시지를 보내는 경우가 왕왕 있었다. 그 외에는 아예 스페인어로 메시지를 보내왔었다. 그리고 생각보다 아랍어로 된 메시지가 자주 왔다. 그리고 중국어나 독일어, 프랑스어 등의 언어로도 메시지가 자주 오는데 이런 것들도 번역기로 다 번역이 되니 일을 하는 데는 전혀 문제가 되지 않았다. 그리고 다른 언어로 메시지 문의를 받더라도 답장을 영어로 보내면 잘 알아듣고 답장이 왔었다. 꼭 메시지 받은 언어 그대로 답장을 하지 않아도 된다.

◆ 번역기 사용 팁

번역기 말투에 익숙해지는 데는 약간의 시간과 노하우가 필요하다. 특정 단어는 번역이 되지 않고 영어로 발음 번역만 되기도 하고, 내가 의도하는 뜻이 아닌 의미로 해석이 되기도 한다. 그 이유는 우리는 비즈니스 영어를 하고 있고, 번역기는 일반적으로 가장 많이 쓰는 평상어로 번역을 하기 때문이다. 따라서 초반에는 번역기에 나온 결괏값을 다시 한번 한국어로 변환하여 교차 확인하고 메시지를 발송하는 것이 좋다. 언어에는 논조, 말투, 어감 등의 많은 감성적 포인트가 있다. 하지만 앞서 말한 바와 같이 우리는 거래를 하는 데 필요한 포인트들을 건조하게 이야기하면 된다. 물론 영어를 잘해서 더 친절하고 이해하기 쉽게 설명을 할 수 있다면 더 좋겠지만, 건조하게 내용만 전달하는 식으로도 일을 하는 데는 충분하다.

추천하는 번역기는 가장 유명한 '구글 번역기'와 네이버에서 제공하는 '파파고' 번역기가 있다. 구글 번역기는 가장 빠르고 번

역량에 제한이 없으며 한영 번역이 가장 장점이다. 파파고는 섬세한 영한 번역에 특화가 되어, 영어를 한국어로 번역했을 때 구글 번역기가 놓치는 뉘앙스를 더 정확하게 잡아내는 번역기라고 할 수 있다. 그리고 'Deep L'이라는 번역기도 추천하는 번역기이다. AI 알고리즘을 이용한 번역기라고 소개를 하는데, 번역투가 부드러우면서도 '구글 번역기'만큼 정확하다. 위의 세 가지 번역기 중 본인에게 맞는 스타일의 번역기를 사용하면 좋다.

◆ 10년 차 해외 판매 셀러가 느끼는 벽

앞에서 설명한 것과 같이 번역기를 사용하는 것만으로도 일반적인 업무를 하기에는 충분하다. 아니 차고도 넘친다. 왜냐면 번역기가 나보다 영어를 훨씬 잘하기 때문이다. 하지만 그렇다고 모든 상황에 100% 만족할 수는 없다. 해외 판매를 하면서 가끔씩 오는 기회들을 놓친다는 기분이 드는 것이다. 더 깊게 파고들어 거래 계약을 하거나, 해외법인을 만들어 본격적으로 해외로 진출을 하는 것, 스토어 판매를 넘어 더 높은 단계로 점프업을 하는 데에는 뭔가 모자란 느낌이 들었다. 그렇기 때문에 나는 뒤늦게 영어 공부를 다시 시작한 케이스이다. 반복 작업 덕분에 영어 타자 속도는 분당 800타가 넘게 되었지만, 거기서 더 나아가지는 못했기 때문이다. 가끔씩 걸려오는 전화도 난감할 때가 있다. 일을 하면서 큰 부분은 아니지만, 내가 할 수 없는 영역을 줄이기 위해 늦게나마 영어 공부를 다시 하고 있다. 결론은 영어는 잘하면 좋지만 못해도 이베이 업무를 하는 데는 문제가 없다. 하지만 번역기가 완벽한 것은 아니기에 해외를 대상으로 업을 계속 이어나가려면 영어를 배워두는 것은 아주 유용할 것이다.

6

상위노출을 위한 키워드 최적화
: 상품명부터 설명까지

처음 이베이에서 상품을 등록할 때 가장 많이 듣는 말이 있다. "상품명에 키워드를 잘 넣어야 노출 순위가 올라간다." 하지만 처음 이베이를 시작했을 땐 도대체 그 키워드를 어디서 어떻게 찾아야 하는지도 모르겠고, 뭐가 잘 된 키워드인지도 감이 안 왔다. 그래서 검색창에서 검색 순위가 높은 상품의 상품명을 그대로 쓰거나, 복수형을 중복해서 조합해서 써보기도 하고, 동일한 상품을 올린 셀러들의 키워드를 모아 이어 붙여서 올리기도 했다. 하지만 결과부터 말하자면 이렇게 상품 제목에만 신경을 썼을 때는 효과가 높지 않았다. 상품은 등록됐지만 조회수는 늘지 않았고, 판매도 없었다. 그때 깨달았다. 제목부터 설명까지가 전부 '검색을 위한 전략'이었다.

이베이는 기본적으로 검색 기반 플랫폼이다. 누군가가 검색창에 입력한 키워드에 내가 등록한 상품이 연결돼야 한다. 그래야 검색 결과 안에 내 상품이 노출될 수 있고 상품 페이지로 유입되어 구매로 이어질 수 있다. 그런데 만약 바이어가 찾는 단어가 내 상품명 혹은 상품 설명 내에 없으면? 아무리 좋은 상품이라도 검색조차 안 된다. 그게 바로 이베이에서의 노출의 핵심이다. 상품명은 단순한 이름이 아니라, 검색에 걸리게 하기 위한 입구다.

나는 지금도 상품을 등록할 때 키워드부터 먼저 정리한다. 예를 들어, 갤럭시탭 S8 케이스를 등록한다고 해보자. 그럼 'Galaxy Tab S8 Case'는 기본이고, 여기에 'Cover', 'Folio', 'Stand', 'Slim', 'Shockproof', 'Lightweight' 같은 연관 키워드들을 붙여 넣는다. 이런 단어들은 실제 바이어들이 검색할 가능성이 높은 단어들이다. 상품명은 영어로 번역을 하면 되지만 그 외에 미국인들이 사용하는 상품명을 잘 모르는 경우가 많은데, 그럴 땐 이베이 자동완성 기능이나 타 셀러들의 상위 노출 상품 제목을 참고하면 도움이 된다.

상품 제목은 총 80자까지 쓸 수 있는데, 가능한 이 80자를 다 채우는 것이 기본이다. 물론 억지로 단어를 나열하듯 넣는 건 역효과일 수 있다. 대신 관련성 높은 키워드를 말이 연결되도록 정리해서 넣는 게 중요하다.

예를 들어, 상품명을, "Galaxy Tab S8 Case Cover - Slim Lightweight Shockproof Stand Folio", 이렇게 쓰면 하나의 문장처럼 보이지만 실제로는 중요한 키워드들이 조합되어 있고, 바이어가 어떤 조합으로 검색해도 노출될 확률이 높아진다.

상품 설명도 마찬가지다. 많은 초보 셀러들이 상품 설명을 예쁘게 꾸미는 데 집중하는데, 이베이 시스템은 설명문 안의 텍스트도 검색 대상으로 삼는다. 즉, 내가 상품 설명 안에 주요 키워드를 반복해 넣으면 검색 최적화에 도움이 된다. 특히 PC에서는 설명을 자세히 읽지 않더라도, 모바일에서는 이미지보다도 먼저 '기본 정보(Specification)'와 설명 상단이 보인다. 그래서 설명문 맨 앞에 핵심 키워드를 한두 문장 요약으로 넣는 것도 좋은 방법이다. 구매자들은 우리가 생각하는 것보다 상품 설명을 유심히 읽지 않기 때문이다. 상품을 판매하길 원한다면 우리가 떠먹여 줄 수밖에 없다.

한 가지 더, 'Item specifications' 항목은 무조건 꼼꼼히 채워야 한다. 이건 이베이에서 따로 노출 필터로 사용되는 영역이다. 바이어가 카테고리 검색을 할 때 '브랜드', '색상', '재질' 등으로 필터링하면 이 항목의 내용이 기준이 된다. 이것은 다른 챕터에서도 강조한 내용이지만, 이베이에서도 몇 번이나 강조하는 중요한 요소이기 때문에 다시 한번 강조한다. 귀찮아 보여도 한 번 제대로 해두면 오랫동안 효자 노릇을 하기 때문이다.

이베이에서의 노출은 결국 키워드 싸움이다. 아무리 좋은 상품이라도, 누가 검색해서 찾아주지 않으면 아무 의미가 없다. 그러니까 이베이에서는 '상품을 팔겠다'보다 먼저 '검색에 걸리게 만들겠다'라는 마인드가 필요하다. 처음엔 시간이 오래 걸리더라도, 키워드 하나하나 고민해서 제목을 만들고, 설명을 적고, 세부항목을 채우다 보면 점점 노출이 달라진다. 그리고 어느 순간부터 조회수가 오르기 시작하고, 판매로 연결되는 순간이 온다.

상품 등록은 단순한 '등록'이 아니라 '검색 결과에서의 노출 순위 싸움'이다. 그러려면 키워드 최적화는 선택이 아니라 기본이며, 계정 점수에 따라 노출이 더 되고 안 되고는 그 후의 일이다.

귀찮더라도, 키워드도 제목도 세부정보도 한 번만 해 놓으면 된다. 그러니 이 작업만큼은 대충 해서는 안 된다. 결국, 이 과정이 검색 결과 1페이지냐, 3페이지냐를 결정짓는다.

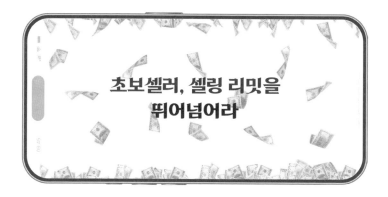

7

초보셀러, 셀링 리밋을
뛰어넘어라

◆ **이베이라는 플랫폼의 최대 장점**

　해외 판매를 처음 시작하는 사람에게 꼭 해주고 싶은 이야기
가 있다. 처음 해외 판매를 시작할 때는 안정적인 플랫폼에서 판
매를 시작하라는 것이다. 판매와 고객서비스에만 집중할 수 있
는 환경을 만드는 것도 선택이고 능력이다. 여기 오기까지 이베
이를 비롯해 수많은 선택지가 당신 앞에 있었을 것이다. 하지만
내 경험에 따르면 이베이만큼 오랫동안 플랫폼이 유지되고, 돌

발 변수가 적으며, 분기마다 발표되는 플랫폼의 가이드를 따르면 되는 플랫폼은 없었다. 단연코 안정적이며 셀러 친화적인 플랫폼이다.

◆ 초보 셀러의 가장 큰 벽 셀링리밋

이베이의 셀링리밋 시스템은 초보 셀러들에게 가장 높은 벽이면서도, 넘고 난 후에는 가장 믿을 만한 허들이 되는 장벽이다. 이 시스템은 무분별한 불성실 초보 셀러를 걸러내기 위한 장치로, 한 달 단위로 셀링리밋의 한도를 50%씩 늘릴 수 있는 구조이다. 따라서 실제로 판매가 원활하게 될 만한 계정을 만들기 위해서는 약 1년 정도는 부족한 셀링리밋을 최대한 활용해 판매를 해야 하며, 이 기간 동안 꾸준하게 계정을 관리하며 판매를 이어나가야 한다. 초보 판매자 때에는 매출 및 판매 건수가 적기 때문에 한두 건의 클레임만으로도 계정에 빨간불이 켜질 수 있기 때문에 마라톤을 하는 마음으로 꾸준히 계정을 관리하고 클레임을 관리해야 한다.

어렵지만 열두 달을 꾸준히 판매를 유지하면서 매달 꼬박꼬박 셀링리밋을 늘렸다고 가정했을 때, 기본적인 신규 판매자 계정의 초기 판매 리밋은 상품 10개 그리고 총액 500USD이다. 이것을 1.5배씩 12개월을 꾸준히 셀링리밋을 올리면 상품 개수 1,300개에, 총액 65,000USD가 된다. 이 정도만 되어도 판매에 숨통이 트인다고 말할 수 있으며 아이템에 따라 충분한 리밋일 수 있다. 가장 어려운 과정이지만, 넘고 난 후에는 나를 지켜주는 가장 큰 허들이 되어 줄 것이다. 기본적으로 신규 셀러이기 때문에 노출이 잘 되지 않고, 판매 기록이 없는 상태에서 구매를 일으키는 것은 더 어렵다. 이 과정에서 가장 많은 초보 셀러들이 포기를 한다.

이 셀링 리밋을 늘리는 시간을 줄이기 위해 기존 셀러의 계정을 거래하는 케이스도 있는 것으로 알고 있다. 하지만 개인적으로는 직접 본인의 계정을 키우는 것이 계정의 정지 가능성을 줄이고 깔끔하게 키울 수 있으며, 지금은 페이오니아로 계정 연동이 필요하기 때문에 이미 연동된 계정은 다른 명의로 다시 연동이 어렵다. 계정을 옛날에 키우다가 오래전에 이베이를 접은 경우가 아니라면 계정을 거래하여 위의 과정을 점프업 하는 것은 어려우므로 가능한 한 직접 키우도록 하자.

◆ 라떼는 말이야

내가 처음 이베이를 시작했던 2009년에는 이베이 코리아가 없었다. 따라서 초보 셀러 육정 과정도 당연히 없었기 때문에 모든 교육과정이 영어 그대로였고, 그나마 교육도 서울에서만 오프라인 방식으로 진행되었기 때문에 부산에 살고 있던 나는 홍대 이셀모(이베이 셀러 모임) 사무실에서 일요일 하루 완성 7시간 초보 셀러 교육을 받았다. 그리고 부산에 내려와서는 1인 셀러로 3년 넘게 활동을 했으며 자리가 잡힌 이후부터 직원을 채용하여 계속해서 글로벌 판매를 이어가고 있다.

2000년대 때만 해도 신규 셀러를 대상으로 하는 셀링리밋이 존재는 했었지만, 지금처럼 빡빡하지는 않았기 때문에 사실상 판매 기록이 있다면 계속해서 리밋을 증액해 주는 개념이었고, 상품 개수 그리고 상품 금액에 크게 구애받지 않고 상품 등록을 할 수 있었다. 지금 와서 생각해 보면 그때는 VERO(이베이의 저작권 보호 프로그램)도 없었고, EU의 식음료 및 브랜드 저작권 관련 제한도 없었으며 무엇보다 이베이가 미국 온라인 시장에서 차지하는 비중이 지금보다 훨씬 높았기 때문에 내가 초반부터 이베이에 전력을 다했었다면 지금보다 훨씬 더 빨리 자리를 잡았을 수 있지 않았을까 하는 생각을 하고 있다. 이것은 이베이를 비롯하여 모든 플랫폼에 초기 진입을 하지 못한 그리고 그 플랫폼의 성장가도를 예상하지 못한 실수로 볼 수 있을 것이며, 지금 상황에 마켓 전체의 매출을 비교한다면 이베이보다는 아마존이 더 높은 것이 사실이다. 하지만 어느 플랫폼을 통해서 초기 진입을 하는 것이 더 유리하느냐를 따진다면 단연 이베이라고 할 수 있다.

소비자에게 만족스럽지 않은 구매 경험을 제공하는 셀러를 걸러내는 시스템 자체는 모든 플랫폼에 존재한다. 다만 아마존의 경우는 이미 아마존 플랫폼에 진입한 셀러의 숫자는 충분하다고 자체적으로 판단하고 있으며, 기존에 있는 셀러들 중 실적이 낮거나 셀러 계정 등급이 낮은 셀러들을 솎아내는 작업들을 시작했다. 마켓 전체의 매출이 매우 높은 것은 사실이지만 이베이에 비해 신규 셀러들에 대해 우호적이지 않으며 수많은 아마존의 정책에 적응해야 한다는 숙제를 안고 있다. 그리고 시장이 큰 만큼 많은 셀러들이 진입해 있는 시장이기 때문에 셀러별로 기록하는 매출은 오히려 이베이보다 낮을 수 있으며 장기적으로 아마존의 셀러들은 수시로 정책이 변경하고 높아지는 아마존의 허들에 정신없이 증빙자료를 내고 계정이 멈췄다 풀렸다는 계속하다가 제풀에 나가떨어지는 경우가 많다.

◆ 뛰어넘은 사람들을 위한 꽃길

여기에 비해 이베이는 비록 초반 허들(셀링리밋)이 있지만 이 허들을 뛰어넘는다면 굉장히 안정적인 판매 활동을 할 수 있는 곳이라고 단언할 수 있다. 매주 매달 바뀌는 정책 변경 메일에 일희일비하지 않아도 되며, 3개월마다 돌아오는 시즌별 정책 변경에 대해서만 주의를 한다면 계정관리에 대한 위험성을 크게 걱정하지 않아도 될 것이다. 우리는 1인 셀러들이기 때문에 가능한 판매 그리고 고객서비스에만 집중할 수 있는 환경을 만드는 것 또한 매우 중요하다. 우리의 시간을 소중하며 그 시간을 계속해서 계정 정지를 풀고 증빙을 하고 계정을 연결하는 데 소비하게 되면 계정의 성장 동력을 깎아 먹게 된다고 생각한다. 판매 그 자체에만 집중할 수 있게 하는 플랫폼은 이베이 마켓이다.

8

아! 반품 반품 반품
: 반품 대처 기본기

미국은 소비의 나라이면서 또한 반품의 천국이라는 별명도 있다. 굉장히 소비자 친화적인 법규들로 인해 생긴 별명이다. 기본적으로 반품 기한을 30일 제공하기 때문이며, 묻고 따지지도 않고 반품을 하는 것도 미국의 특징이다. 때문에 이런 긴 반품 기한을 이용하는 소비자들도 즐비하다. 온갖 악용을 하는 케이스부터 상대적으로 양심적인 구매자들까지 수많은 바이어들을 만나왔다. 반품을 대처하는 가장 효율적인 방법에 대해 설명하고자 한다.

◆ 반품 사유 선택은 구매자의 고유한 권한

이베이 정책에 따르면 이베이에서 미국 마켓에서 판매를 하기 위해서는 반품 기한을 30일로 설정해야 한다. 상품 수령 후 30일간은 바이어가 원하면 반품 요청을 할 수 있는 것이다. 그리고 반품 사유를 소비자 귀책(변심 등)으로 선택을 하면 반품 배송비를 바이어가 부담해야 하고, 반품 사유를 판매자 귀책(상품 불량 등)으로 선택하면 반품 배송비를 셀러가 부담해야 하는 시스템이다. 문제는 상품의 불량이 아닌데도 바이어가 상품에 대해서 잘 몰라서, 혹은 고의로 반품 사유를 판매자 귀책으로 선택하는 경우가 왕왕 있다. 이런 경우에는 왕복 배송비도 셀러가 부담해야 한다. 그리고 상품이 개봉되어 중고제품이 되었는데 여기에 대한 가치 하락에 대해서도 셀러가 책임져야 하는 것이다.

굉장히 불합리한 정책이 아닐 수 없다. 하지만 이것에 대해 이베이에 항의를 하더라도 돌아오는 대답은 반품 사유를 선택하는 것은 구매자의 고유한 권한이라는 것이다. 한국에서는 상상도 할 수 없는 매우 소비자 친화적인 정책이다. 상품이 완전히 중고품이 되었는데도 불구하고 제품을 반품하고 본인은 전액을 환불받아 간다. 판매자로서 피가 거꾸로 흐르지 않을 수가 없는 상황이다. 의도가 어찌 되었건 간에 내 손에는 중고품이 된 상품만 손에 남았고, 왕복 배송비는 내가 지불했으며 거기다 바이어가 네거티브 피드백까지 남기고 간 상황이 되면 멘탈이 터지게 된다. 내가 무슨 부귀영화를 누리자고 이베이를 시작했을까 하는 생각이 저절로 드는 것이다.

◆ 전체 판매 건 대비 반품비율 관리

결과적으로 내가 운영하는 이베이 스토어의 전체 반품비율은 약 2.5%~3.0% 남짓이다. 그리고 이렇게 바이어 친화적인 반품 정책에 대해서는 기본적으로 바이어가 감수해야 하는 로스로 계산하여 마진율에 더해야 한다고 가르친다. 그리고 나도 여기에 동의한다. 그리고 이렇게 자유로운 반품이 보장되기 때문에 더 쉽게 구매가 일어나는 환경이기도 하고, 은근히 반품 기한 30일 안에 반품 신청하는 것을 깜빡해서 구매가 되어 버리는 경우도 왕왕 있다는 것이다. 우리도 크게 할 말이 없는 것이, 아무리 황당한 반품 건이 들어온다고 해도 결과적으로 반품 건 로스까지 감안해도 마진이 남기 때문에 사업을 이어가는 것이기 때문이다.

닭이 먼저인지 달걀이 먼저인지 헷갈릴 수 있는 상황이다. 그러나 중요한 것은 이런 불합리한 상황을 겪고 있음에도 불구하고 결산을 하면 결국 악질 반품 케이스는 전체 마진율에 비하면 미미한 수준이라는 것이다. 그렇다면 우리는 전체 판매 건 대비 얼마 되지 않는 불량 반품 건들을 처리하느라 온 신경을 써서 소중한 내 시간을 소비할 것인지, 혹은 어느 정도 로스 처리를 하고 다른 일을 더 하는 것이 효율적인지에 대해서는 각자가 생각해 볼 필요가 있다.

◆ 반품 대응 불량으로 벌점이 쌓였을 때 손해를 보는 것은 나 자신

여기에 추가로, 반품 대응을 미루다 미루다 바이어가 케이스를 열게 되면 결국 손해를 보는 것은 셀러 자신이 된다. "Case closed without seller resolution" 벌점이 전체 거래 건수에서 0.3%가 넘으면 판매자 등급이 곧바로 "Below Standard"로 떨어지게 된다. 이 경우 스토어 노출 순위가 급락하게 되고 광고를 사용할 수 없게 된다. 이렇게 되면 반품 몇 건을 미루다가 스토어 전체 매출이 반토막이 날 염려가 있다. 이렇게 밥그릇이 몇 번 달랑달랑해지는 경험을 하고 나면, 반품 몇 건을 로스로 날리는 것은 밥그릇이 날아갈 뻔하는 위기에 비하면 그렇게 비싼 대가가 아니라는 생각이 저절로 들게 된다.

어차피 반품을 막을 수 없다면, 가능한 한 빨리 반품 건을 정리하는 것이 서로에게 좋다는 판단이 설 것이다. 이렇게 되면 가장 정석으로 가게 된다. 반품을 막을 수 없다면 이베이 정석 매뉴얼대로, 구매자들에게 정확한 상품 사용에 대한 설명 그리고 제품 정보를 최대한 제공해서 반품률을 최대한 줄이는 것이다.

이베이를 떠날 것이 아니라면 지엽적인 진상들에게 너무 스트레스 받지 말 것을 추천한다. 세상에는 악성 바이어들보다는 선량하고 착한 구매자들이 훨씬 더 많다. 너무 사기꾼들을 겁내지 말고, 전체적인 매출 규모를 늘려보자.

9

1인 사장을
넘어야 한다

이베이를 처음 시작할 때는 혼자서 모든 일을 처리하는 것이 오히려 편하게 느껴질 수 있다. 상품을 찾고, 등록하고, 송장 뽑고, 포장하고, 고객 메시지에 답장하고, 반품 요청 응대하고, 클레임 처리까지 하는 전 과정을 혼자 통제할 수 있기 때문이다. 자본이 넉넉하지 않은 초보 셀러에게는 당연한 선택이고, 나 역시 그랬다. 나 혼자 모든 결정을 빠르게 내릴 수 있었고, 누구와 상의할 필요 없이 하루 일과를 내가 원하는 대로 짤 수 있었다.

하지만 점차 판매량이 늘어나게 되면 '혼자서 모든 걸 처리한다'라는 장점은 점차 단점으로 바뀐다. 내가 자리를 비우면 상품 등록도 멈추고, 메시지 응답도 늦어지고, 포장과 발송도 지연된다. 하루 이틀만 쉬어도 곧바로 계정 점수와 고객 만족도에 영향을 주게 된다. 모든 업무가 내 몸 하나에만 의존하는 구조는 결국 한계에 부딪히게 된다.

매출이라는 것은 원래 올랐다 내려갔다는 반복하지만 결국 우상향을 하게 되고 언젠가는 혼자서 감당할 수 없는 상황이 오게 된다. 상품 수가 늘어나면서 등록 작업만으로도 하루를 다 써버리게 되고, 주문이 몰리는 날에는 포장과 배송 준비에 밤을 새워야 할 때도 있다. 여기에 메시지 응답과 반품 처리까지 겹치면, 하루 24시간이 모자란다. 업무 효율이 떨어지기 시작하면, 실수도 잦아지고 기다려주던 바이어들이 도를 넘게 되면 네거티브 피드백을 보내게 되고, 스토어 자체가 흔들리게 된다.

나의 경우는 정식 직원을 뽑을 생각을 하지 못해서 1인 사장 노릇을 5년 가까이 해왔다. 매출이 늘면 일이 바빠지고, 어느 정도 임계점까지는 돈을 버는 재미로 밤잠을 줄이면서 일을 해도 즐겁다. 하지만 그 상황이 이어지게 되면 집중력이 떨어져 배송 실수를 하거나, CS가 지연되고 그러다 보면 네거티브 피드백도 늘어나고 셀러 평점이 떨어져서 매출이 줄어든다. 그러면 일이 줄어들어서 못 처냈던 일들을 하고, 못했던 리스팅도 다시 하고 스토어를 다시 재정비한다. 그러고 시간이 조금 지나면 다시 매출이 오르는 식의 패턴이 반복되었다. 바쁠 때는 바빠서 사람 채용을 못하고, 그리고 또 곧 매출이 떨어질까 겁나서, 사람을 잘 못 만날까 봐 하는 등등의 걱정만 하면서 혼자서 일을 다 해왔던 것이다.

결국, 일정 규모 이상의 매출과 안정적인 운영을 원한다면 '1인 사장'이라는 틀을 벗어나는 전환이 필요하다. 이 시점에서 가장 먼저 해야 할 일은, 현재 내가 하고 있는 업무 중 '직접 하지 않아도 되는 일'을 구분하는 것이다. 대표적으로 송장 출력 및 포장 작업, 리스팅용 상품 사진 편집, 탬플릿대로 내용을 채우면 되는 상품 리스팅, 고객 메시지 대응 등의 업무는 충분히 위임이 가능한 영역이다. 내가 꼭 해야 할 일과 그렇지 않은 일을 구분하는 작업은, 효율적인 분업 구조를 만드는 출발점이 된다.

이 과정은 생각보다 간단하지 않다. 일단은 이미 사장은 바쁘기 때문에 시간이 없고, 그 와중에 외주 인력이나 아르바이트를 고용해서 일을 맡긴다고 해서 바로 효율이 생기는 것도 아니다. 오히려 처음에는 업무를 설명하고, 실수를 방지하기 위한 체크리스트를 만들고, 진행 상황을 확인하는 데 시간이 더 들 수도 있다. 그러나 이 과정을 통해 내 일이 구조화되고, 반복 업무가 체계화되며, 내가 집중해야 할 핵심 업무에 시간을 더 쓸 수 있게 된다.

업무를 위임한다는 건 단순한 일 분배가 아니다. 내가 자리를 비워도 사업이 멈추지 않게 만드는 시스템을 만들어가는 것이다. 실제로 포장과 상품 등록을 하는 직원을 채용한 뒤, 나는 상품 기획과 판매 전략에 더 많은 시간을 투자할 수 있었다. 그 결과 매출과 고객 만족도 모두 안정적으로 유지될 수 있었고, 업무 스트레스도 줄었다.

또한, 혼자 모든 걸 처리할 때는 문제가 생겨도 그 원인을 정확히 파악하기 어려운 경우가 많다. 왜냐면 지금 당장 할 일이 계속 존재하기 때문에 세세하게 문제 원인을 파악하기가 어렵기 때문이다. 대충 덮고 지나가는 경우가 많았다. 하지만 업무가 분리되어 각각의 분야마다의 업무가 나누어지면, 실수나 오류가 발생했을 때 어느 단계에서 문제가 생겼는지 파악이 쉬워지고, 시스템 자체를 수정할 수 있게 된다. 반복적인 실수를 방지할 수 있게 된다.

물론 모든 셀러가 처음부터 팀을 꾸릴 필요는 없다. 그리고 사장은 모든 일을 할 줄 알아야 하기 때문에 처음에는 혼자서 모든 분야를 전담하는 경험이 꼭 필요하다고 생각한다. 하지만 일정 수준 이상으로 성장하고 싶다면 '혼자 하는 구조'에서 '함께 일하는 구조'로의 전환은 피할 수 없다. 이는 이베이 셀러뿐 아니라 모든 비즈니스의 공통된 성장 조건이기도 하다.

이베이 셀링은 단거리 경주가 아니다. 처음 몇 년은 혼자서도 가능하다. 그러나 장기적으로 안정적인 수익을 만들고, 개인의 시간과 체력을 보호하면서 사업을 유지하려면 반드시 구조적인 전환이 필요하다. 나 역시 이 전환을 늦게 시작했던 걸 후회한 적이 있다. 몇 년 더 일찍 분업화하고, 반복 업무를 사람을 채용해서 효율적으로 일을 해 왔다면, 지금보다 훨씬 더 성장했을 거라는 생각이 들었다.

혼자서 시작하는 건 아무 문제가 없다. 그러나 혼자서 일을 다 하려는 것은 위험하다.

이 전환을 두려워하지 말자. 언젠가 반드시 마주하게 될 일이니, 준비는 지금부터 해두는 것이 좋다.

반품 사기, 빈 박스 수령 사기, 악성 바이어 대처법

이베이에서 특히나 글로벌 셀러로 일하다 보면 누구나 한 번 쯤은 마주하게 되는 문제가 있다. 바로 반품 사기, 빈 박스 수령 사기, 그리고 악성 바이어에 의한 억지 클레임이다. 처음 이베이 를 시작했을 때는 '극소수의 사례'로만 생각했지만, 막상 직접 겪 고 나면 정신적으로도, 금전적으로도 큰 충격을 받게 된다. 나 역시 처음에는 아무런 대비 없이 이런 일을 겪었고, 그로 인해 많은 것을 배우게 됐다.

이베이 초창기에 새 상품을 정확히 포장해 보냈는데, 바이어가 반품을 요청한 뒤 포장만 멀쩡한 텅 빈 박스를 돌려보낸 일이 있었다. 어떻게 된 일이냐고 재차 메시지를 보냈지만, 이 바이어는 아무런 답을 하지 않았고, 배송 추적상으로는 배송이 완료된 것으로 기록되어 있었기 때문에, 이베이 시스템은 자동으로 환불을 진행했고 나는 상품도, 돈도 모두 잃는 상황이 되었다. 당시엔 이런 사고에 대해 아무런 대비를 하지 못했기 때문에 그저 황당했고 억울할 뿐이었다. 하지만 억울해만 한다고 아무도 나를 도와주지 않기 때문에 스스로를 이런 일에 대해 대비를 해야 한다는 교훈을 얻게 되었다.

이런 피해를 줄이기 위해 나는 몇 가지 원칙을 정했다. 첫째는 상품 포장 및 발송 과정을 반드시 기록해두는 것이다. 상품을 포장하기 전 구성품이 잘 들어있는 상태를 사진으로 남기고, 박스를 닫은 뒤 송장을 부착한 외관도 함께 촬영해두는 식이다. 둘째는 고가 상품일수록 서명이 필요한 배송 수단을 사용하고, 반드시 추적 가능한 운송장을 입력하는 것이다. 마지막으로는 반품이 도착하면 즉시 개봉해 상태를 확인하고, 환불은 그 확인 이후에 진행하는 방식으로 바꿨다.

반품이 들어올 경우, 이전 같았으면 바쁜 일에 치여서 상품이 잘 왔겠지 하고 박스에 있는 구매자 정보 정도만 확인해서 환불을 먼저 했었다. 셀러에게는 반품 수령 후 2일 이내에 검수하고 환불 여부를 결정할 수 있는 권한이 있음에도 편하게 일하기 위해 환불을 먼저 해줬지만 남는 것은 작동되지 않는 제품들뿐이었다. 이후 나는 이 반품 수령확인 시간을 최대한 활용해 제품 상태를 확인하고, 이베이 고객센터를 통해 어필, 계정 확인 등으로 대응한다. 중요한 것은 모든 대응이 이베이의 공식 절차 안에서 이루어져야 하며, 그 과정에서 감정적으로 대응하는 것은 도움이 되지 않는다는 점이다.

악성 바이어는 다양한 방식으로 셀러를 곤란하게 만든다. 상품을 수령하고도 "상품이 도착하지 않았다"라거나, "중고품을 새 제품이라고 속였다"라고 주장하며 환불을 요구하기도 한다. 심지어 반품 없이도 무조건 부분 환불을 요구하며, 응하지 않으면 부정적인 피드백을 남기겠다는 식으로 협박하는 경우도 있다. 이런 바이어들에게 대응할 때는 감정 소비가 특히 크기 때문에 평정심을 유지하는 것이 무엇보다 중요하다. 내 돈이지만 내 돈이 아니라고 생각하고 건조하게 대하는 것이 더 효과적이다. 추가적으로 고객 메시지, 배송 추적, 반품 물품 상태 등 모든 자료를 꼼꼼히 기록하고, 이베이 시스템 내에서 이성적으로 대응하는 것이 최선이다.

다행히도 지금은 예전보다 이베이의 대응 체계가 훨씬 발전했다. 과거에는 셀러가 아무리 상세히 설명하고 입증하려 해도, 증거가 조금 부족하면 무조건적으로 바이어의 편을 드는 경우가 적지 않았다. 하지만 지금은 다르다. 셀러가 사진, 메시지 기록, 배송 이력 등 객관적인 증거를 잘 정리해 제출하면, 이베이 측에서도 합리적인 판단을 내려준다. 실제로 최근 몇 년간 내가 겪은 케이스들 중 대부분은 셀러 입장이 명확할 경우 셀러 우위로 결과가 마무리되었다.

이는 바이어 보호가 약화된 것이 아니라, 오히려 악성 바이어를 선별해 내는 이베이의 알고리즘이 훨씬 정교해졌기 때문으로 생각된다. 전체적인 구매자 보호 시스템은 오히려 이전보다 더 촘촘해졌고, 반복적으로 무리한 클레임을 제기하는 바이어 계정은 시스템상에서 빠르게 경고나 제재를 받게 되어 있다. 셀러와 바이어의 균형을 맞추려는 이베이의 방향이 구체적인 정책 변화로 이어지고 있다는 점에서 긍정적으로 평가할 만하다.

이런 상황을 반복해서 겪으면서, 나는 배송과 고객 응대 외에도 기록 관리의 중요성을 실감하게 되었다. 상품 사진을 많이 남기고, 송장과 함께 제품 사진을 찍고, 고유번호가 있는 제품이라면 꼭 사진을 남긴다. 고가 제품의 경우 필요하면 출고 영상까지 남기는 경우도 있다. 이 모든 과정은 번거롭지만, 불합리한 클레임으로부터 내 돈과 계정을 보호하는 안전장치라고 생각한다. 억울하지만 클레임이 발생하면 내 돈도 날아가고 클레임이 쌓이면 내 계정도 위험하기 때문이다.

이베이 셀링은 정직함과 시스템 대응력의 싸움이기도 하다. 악성 바이어를 완전히 피할 수는 없지만, 충분한 사전 대응과 침착한 대응만 갖춘다면, 피해를 최소화하고 안정적인 셀링을 이어갈 수 있다. 준비된 셀러는 흔들리지 않는다. 감정적으로는 억울하고 힘든 일이 많지만, 체계적으로 대응할 수 있다면 이베이는 그런 셀러를 확실히 보호해 주는 방향으로 나아가고 있다.

Chapter.4

하루 만에 끝장내는
이베이의 키포인트

1

페이오니아 결제 수단을 이해하라

이베이 판매자로서 수익을 안정적으로 정산 받는 결제 수단은 단순한 편의의 문제를 넘어서 운영 안정성과 직결되는 요소다. 특히 해외 판매를 기반으로 하는 구조에서는 환율, 수수료, 입금 속도, 사용자 지원 여부 등 결제 시스템의 차이가 실제 수익률에 영향을 미친다. 예전에는 이베이 판매대금을 수령하기 위해서는 페이팔(PayPal)을 사용해야 했지만, 지금은 페이오니아(Payoneer)라는 새로운 온라인 가상계좌 서비스가 셀러들의 정산

수단으로 자리 잡고 있다.

과거 페이팔은 글로벌 온라인 결제의 표준처럼 여겨졌다. 이베이와 공식적으로 연결되어 있었고, 사용자가 많다는 점에서 신뢰도도 높았다. 하지만 실제로 사용해 보면 불편한 점이 한둘이 아니었다. 우선, 달러로 대금을 수령할 수가 없었다. 그리고 거래 수수료가 일률 4.4%로 상당히 높았다. 판매대금 수령 시 거래수수료가 차감되고, 국내 계좌로 인출할 때도 실시간 환율이 아닌 반 고정 환율 방식이어서, 시장 환율보다 불리한 조건으로 환전되는 일이 잦았다.

가장 불편했던 부분은 고객과의 분쟁(디스퓨트, dispute) 처리 방식이었다. 바이어가 이의를 제기하면 판매자 계좌의 금액이 자동으로 보류되고, 상황에 따라 일방적으로 환불이 이루어지기도 했다. 특히 바이어가 단순히 마음에 들지 않는다는 이유로 제기한 클레임조차도 셀러가 적극적으로 입증하지 않으면 불리한 결과로 이어졌다. 셀러가 적극적으로 소명을 하지 않으면 분쟁에서 어이없이 지는 경우도 많았기 때문에 구매자들은 밑져야 본전이라는 생각으로 디스퓨트를 많이 열기도 했다. 때문에 페이팔 내부에서의 분쟁 대응은 까다롭고, 중복 대응의 번거로움도 컸다.

이런 구조와는 달리, 페이오니아는 훨씬 간결하고 효율적인 시스템을 제공한다. 페이오니아는 기본적으로 '가상계좌'를 발급받는 방식이다. 이베이 판매금은 페이오니아 가상계좌로 수령되며, 그 금액을 셀러가 원하는 시점에 직접 국내 계좌로 송금할 수 있다. 구조는 단순하지만, 그 안에 있는 장점은 많다.

우선 수수료가 0.9%로 훨씬 저렴하다. 그리고 무엇보다 달러 인출이 가능하다는 점이 매력적이다. 원화 환전도 물론 가능하며, 달러든 원화든 셀러가 유리한 시점에 환율을 확인한 후 직접 인출할 수 있어 환차손을 최소화할 수 있다. 페이팔에서 느꼈던 환전 타이밍의 불이익이 거의 사라졌다.

무엇보다 만족스러운 점은 고객 클레임에 대한 구조다. 페이오니아는 단순한 자금 수령 계좌 역할만 하기 때문에, 고객과의 분쟁은 이베이 플랫폼 내에서만 처리된다. 이 말은 곧, 판매자는 더 이상 이중으로 대응할 필요 없이 이베이 정책 내에서만 응대하면 된다는 뜻이다. 불필요한 중복 업무가 줄고, 시간과 에너지를 더 효율적인 곳에 집중할 수 있게 되었다.

페이오니아는 이베이에만 국한된 결제 수단도 아니다. 아마존, 쇼피파이, 라자다, 쇼피 등 다른 글로벌 커머스 플랫폼과도 연동이 가능하다. 이는 여러 플랫폼에서 활동하는 셀러에게 일

원화된 정산 체계를 제공하며, 비즈니스를 확장할수록 효율성이 배가되는 구조를 만든다. 나 역시 이베이를 넘어선 확장을 고민하면서, 수익 정산의 중심을 페이오니아로 두게 되었다.

예전에는 "이베이에서 판매를 해도 추후에 따라오는 페이팔 디스퓨트 분쟁 때문에 걱정"이라는 말이 나올 정도였다. 페이팔은 그만큼 불편하고, 셀러 입장에서 비효율적인 구조였다. 그들은 전 세계에 있는 수억 명의 회원이 있고, 그들로 인해 판매 가능성이 높아지기 때문에 높을 수수료가 정당하다고 주장했지만, 어차피 내 손님은 이베이 회원들이었기 때문이다. 내 경험에 따르면 한 장 페이팔 디스퓨트 클레임이 심할 때는 매출의 1%를 디스퓨트 클레임 로스로 상정하고 원가 계산을 할 정도였다.

하지만 지금은 다르다. 기본적으로, 클레임을 이베이 플랫폼 안에서 모두 관리를 하기 때문에 결제수단을 통해 불필요하게 열리는 분쟁 클레임을 신경 쓰지 않아도 되는 상황이 아주 긍정적이다. 수익을 보호하고, 운영을 간소화하며, 환전까지도 셀러의 전략에 맞춰 조절할 수 있게 된 지금, 결제 수단은 단순한 '받는 통로'가 아니라 판매 전략의 일부가 되어야 한다.

수익을 안정적으로, 그리고 온전히 받아야만 판매의 의미가 있다.

페이오니아는 그 안정성의 기반이 되어 줄 수 있는 가장 합리적인 선택이다.

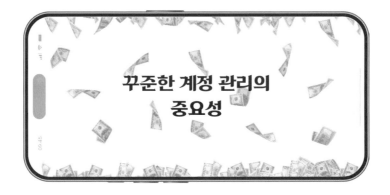

2

꾸준한 계정 관리의 중요성

이베이 판매가 궤도에 올라서 판매가 늘어나기 시작하면 누구나 한 번쯤은 밀려드는 주문을 처리하느라 고객 응대가 늦어지고 클레임이 쌓이는 경험을 하게 된다. 그리고 규정 준수보다 눈앞의 판매와 수익에 집중하게 되다 보면 계정의 상태가 어떤지, 이베이에서 내 계정을 어떻게 평가하고 있는지를 놓치기 쉽다. 잊지 말아야 할 것은 이베이 계정이 온전해야 내가 판매 활동을 문제없이 할 수 있다는 것이다. 나도 한 번 계정이 빌로우 스탠더드로 떨어지고 매출이 다시 회복되는 과정에서 거의 1개월 치의 매출을 통째로 날린 경험을 한 후에야 계정 관리가 무엇보다도 최우선이라는 것을 몸소 느끼게 되었다.

이베이에서는 판매자의 활동을 여러 지표로 측정하고 있으며, 이를 바탕으로 계정 등급이 매겨진다. 대표적인 지표로는 배송 시간 준수율, 트래킹 번호 업로드율, 반품률, 케이스 분쟁률 등이 있다. 이 지표들이 일정 기준 이상을 유지하지 못하면 'Above Standard'에서 'Below Standard'로 떨어지게 되고, 반대로 좋은 성과를 지속하면 'Top Rated Seller' 등급을 받을 수 있다. 이 등급은 단순한 명칭이 아니라, 실제로 상품의 검색 노출에 가장 직접적인 영향을 주며, 판매자 등급이 떨어져 검색 순위 1페이지에서 벗어나게 되면 매출에 큰 영향을 준다.

한동안 판매가 쭉 늘면서 정신없이 일을 하던 중 어느 날 내 계정이 갑자기 조회수가 줄고, 판매가 뚝 끊긴 적이 있었다. 알고 보니 'Cases closed without seller resolution' 벌점이 누적되어서 계정 등급이 빌로우 스탠더드로 내려간 것이었다. 이베이 판매자 센터에서 내 계정을 살펴보니, 최근 몇 건의 반품 요청 건에 대해 제때 대응을 하지 못해서 케이스가 열렸고, 모두 구매자 우위로 케이스가 종료되어 셀러 점수가 낮아졌고, 그 결과 전체 계정 등급이 빌로우 스탠더드로 하락한 것이었다. 이 작은 지표 하나가 계정 등급을 낮춰버릴 수 있다는 걸 그때 처음 실감했다. (Cases closed without seller resolution 벌점은 일정 비율을 넘으면 바로 빌로우 스탠더드 등급으로 떨어집니다.)

이런 경험을 하고 나서부터는 계정 상태를 주기적으로 확인하는 습관을 들였다. 매주 판매자 대시보드를 열어 각종 퍼포먼스 지표를 점검하고, 이상 징후가 보이면 바로 원인을 찾아 수정한다. 메시지 응답률도 중요한 항목 중 하나인데, 24시간 내 응답을 원칙으로 하고 있으며, 이베이 앱을 통해서도 메시지 답장 업무가 가능하기 때문에 주말에도 급한 메시지에는 답변을 하는 습관을 가지게 됐다. 이런 작은 관리가 계정 신뢰도를 유지하는 데 결정적인 역할을 한다.

이처럼 계정 점수나 등급은 단기간에 올라가기도 어렵지만, 떨어지는 건 순식간이다. 특히 반품이 많아지거나 분쟁이 연달아 발생하면, 단 며칠 만에 전체 성과가 하락할 수 있다. 문제는 이렇게 떨어진 점수를 다시 회복하는 데는 시간이 걸리고, 그 기간 동안 노출이 줄면서 판매도 함께 줄어들 수밖에 없다는 점이다. 따라서 문제가 터진 후 대처하는 것보다, 평소에 관리하는 것이 훨씬 효율적이고 안정적이다.

나의 경우 빌로우 스탠더드로 떨어진 후에 곧바로 일 매출이 1/3, 1/4 수준으로 급격히 떨어졌다. 놀란 나는 이대로 가다가는 문을 닫을 것 같다는 다급함에 상품 가격을 노마진 수준으로 낮추고 답장이 늦어 화가 난 바이어들을 달래느라 꼬박 한 달을 매달렸고, 두 달 만에 판매를 늘려서 벌점을 희석시키는 방식으로 판매등급을 다시 원래대로 돌려놓았다.

계정 관리는 결국 습관이다. 주문이 산처럼 쌓여있더라도, 급한 클레임을 처리 중이더라도, 하루에 몇 분만 투자해서 계정 상태를 체크하고 필요한 부분을 보완해 나가는 셀러가 결국 계정 문제로 넘어지지 않는다. 이베이는 장기 레이스이기 때문에 넘어지지 않고 오래 달리는 사람이 승자라고 생각한다.

판매는 하루 이틀 반짝하는 일이 아니다. 오랫동안 쌓아온 계정 하나가, 꾸준한 관리 하나가, 때로는 수백 개의 상품보다 더 강력한 경쟁력이 된다. 쌓여있는 피드백 점수와 고객들의 후기가 결국 그 셀러를 나타내기 때문이다.

3

이베이와 타 플랫폼의 차이
(아마존, 쇼피파이, 자사 영문몰)

이베이 판매가 어느 정도 궤도에 오르면 자연스럽게 다른 플랫폼에도 관심이 가게 된다. 아마존, 쇼피파이, 자사몰까지, 확장할 수 있는 경로는 다양하다. 실제로 나도 이베이 운영이 어느 정도 안정화됐을 때, 다른 플랫폼에 눈을 돌려봤고, 짧게나마 직접 해본 경험도 있다. 그 결과는 간단했다. 각 플랫폼은 분명히 장단점이 있으며, 방향성과 운영 방식이 전혀 다르다는 것을 체감했다. 결론은 이베이가 가장 나에게 잘 맞는 플랫폼이었다는 것이다.

　가장 많이 비교되는 플랫폼은 아마존이다. 이베이와 아마존은 모두 글로벌 마켓 플레이스지만, 운영 방식은 전혀 다르다. 이베이가 오픈마켓 구조라면, 아마존은 철저한 플랫폼 중심 통제형 구조다. 이베이에서는 셀러가 상품 구성, 가격, 배송 정책 등을 유연하게 조절할 수 있지만, 아마존은 정해진 틀 안에서 움직여야 한다. 특히 아마존은 브랜드와의 수권서가 있어야 하고 그 외에도 세금 처리, 제품 승인 등 입점과 운영에 대한 진입 장벽이 높은 편이다.

　또한 아마존은 FBA(Fulfillment by Amazon)라는 자체 물류 시스템을 강점으로 가지고 있다. 초보 셀러 입장에서는 물류 부담을 덜 수 있다는 장점이 있지만, 그만큼 수수료도 높고, 창고 운영이나 재고 관리 기준도 엄격하다. 반면 이베이는 자율성이 높고, 직접 물건을 발송하는 구조라 유연하게 대처할 수 있다. 셀러 입장에서 보면, 초기 비용과 진입 장벽 측면에서는 이베이가 훨씬 부담이 덜하다.

　쇼피파이는 또 다른 방향의 플랫폼이다. 쇼피파이는 일종의 '온라인 쇼핑몰 솔루션'에 가깝다. 마켓플레이스가 아니라 '자기 가게를 직접 만드는' 구조이기 때문에, 트래픽 유입부터 고객 관리까지 모두 셀러가 감당해야 한다. 디자인도, 결제 시스템도, 마케팅도 직접 구축해야 한다. 자유도가 높은 만큼, 운영 역량이 부족하면 아무런 성과도 내기 어렵다. 이베이가 플랫폼이 트래픽을 보내주는 구조라면, 쇼피파이는 셀러가 직접 고객을 끌어와야 한다는 점에서 완전히 다른 게임이다.

마찬가지로 자사 영문 쇼핑몰도 비슷한 구조다. 판매수수료를 플랫폼에 지불하지 않는다는 점이 가장 큰 장점이다. 개인적인 브랜드를 구축하기엔 좋지만, 유입을 만들기까지의 시간과 비용이 상당히 크다. 왜냐면 광고를 하지 않으면 트래픽이 거의 발생하지 않았고, 반응을 얻기까지 꽤 오랜 시간이 걸리기 때문이다. 하지만 꾸준히 트래픽을 만들고 매출을 만들어낼 수 있다면 이보다 좋은 플랫폼은 없을 것이다.

결국 이런 플랫폼들은 브랜드가 있거나, 마케팅이 가능하거나, 재고를 대량으로 관리할 수 있는 구조가 있는 셀러에게 적합하다. 반면에 초보 셀러, 특히 처음 글로벌 셀링에 도전하는 사람에게는 이베이만큼 접근성이 좋은 플랫폼이 없다.

별도의 입점 승인 없이 바로 계정 생성이 가능하고, 무재고로 시작해도 운영이 가능하며, 트래픽은 이베이가 직접 가져다준다. 셀러가 해야 할 일은 상품을 잘 등록하고, 정해진 정책 안에서 성실하게 운영하는 것이다.

또한 이베이는 '작게 시작해서 천천히 확장할 수 있는 구조'라는 점에서 독특하다. 처음에는 하루에 한 개 상품만 올려도 괜찮고, 포장과 배송도 집에서 할 수 있다. 하지만 판매가 늘어나고 시스템이 익숙해지면, 점점 업무를 분화하고 자동화할 수 있는 여지가 많다. 즉, 규모와 경험에 맞게 유연하게 성장할 수 있는 플랫폼이다.

물론 이베이에도 단점은 있다. 평균 판매수수료가 15% 정도로 높은 편이며, 플랫폼 자체의 유입 트래픽이 아마존보다는 작다는 것이다. 하지만 이베이의 가장 큰 장점은, 셀러가 큰 허들 없이 직접 배워가며 커갈 수 있는 공간을 제공한다는 점이다. 정책을 숙지해야 하지만, 그만큼 투명하고, 꾸준히 운영하면 그에 맞는 성과를 돌려준다. 오랜 시간 판매를 유지하면서 안정적인 계정을 쌓을 수 있다는 점도 이베이의 큰 장점이다.

결론적으로 이베이는 시작에 최적화된 플랫폼이고, 그다음 단계로 확장할 수 있는 기반을 마련해주는 플랫폼이다.

아마존, 쇼피파이, 자사몰은 분명 매력적인 구조지만, 준비가 되기 전까지는 운영이 버겁고 리스크가 크다. 나와 같은 리셀러들의 입장에서는 이베이만 한 플랫폼이 없다. 내가 운영을 해본 바로는 이베이는 아직 리셀러들에게 열려있는 플랫폼이다. 그러나 아마존은 제조사 혹은 제조사의 허락을 받은 대형 유통사를 더 반기는 느낌이다. 그리고 쇼피파이와 자사몰은 정말로 개인의 역량이기 때문에 하는 만큼 그대로 나오는 곳이라고 생각한다.

많은 채널을 노리는 사람이라면 먼저 이베이에서 충분히 운영 경험을 쌓은 뒤, 그 데이터를 기반으로 다른 플랫폼으로 넓혀가는 것이 훨씬 안정적인 성장 전략이라고 생각한다.

4

글로벌 셀러이지만 판매하지 않는 국가
(상품별 타깃 국가 설정)

이베이의 가장 큰 장점 중 하나는 '전 세계 판매 가능한 플랫폼과 전 세계 1.3억 명의 바이어'라는 슬로건으로 표현되는 전 세계적으로 많은 회원이다. 미국, 유럽, 아시아, 오세아니아, 중동, 아프리카까지 이베이 플랫폼은 전 세계에 연결돼 있고, 실제로 계정을 만들고 상품을 올릴 때도 '전 세계 판매 가능' 옵션이 기본값으로 설정되어 있다. 아마존처럼 나라별로 계정을 따로 만들지 않아도 미국 이베이 계정만으로 간단하게 전 세계로 판매가 가능한 것이 사실이고 셀러의 역량에 따라 엄청난 시너지를 만들 수 있다. 나 역시 초창기에는 가능한 모든 국가에 상품을 노출하는 게 당연하다고 생각했고, 한 명이라도 더 많은 바이어가 내 상품을 볼 수 있다면 좋을 거라 판단했다.

하지만 판매를 지속하면서 알게 된 사실이 있다. 모든 상품이 전 세계에 팔릴 필요는 없으며, 오히려 불필요한 국가 노출이 계정 리스크로 이어지는 경우도 많다. 실제로 어떤 국가는 배송이 배달 예상 안내보다 계속 지연되거나 분실률이 높고, 어떤 국가는 클레임 빈도가 유독 높거나 구매자 응대가 어려운 경우도 있었다. 몇 건의 문제로 계정 퍼포먼스에 영향이 생기고, 이로 인해 상품 노출에 문제가 생겨 판매가 끊겨버리면 이점이라고 생각했던 전 세계 판매는 오히려 독이 된다.

특히 배송 문제가 발생하기 쉬운 국가가 있다. 중남미, 중동 일부 지역, 러시아, 일부 동남아시아 국가들이 대표적이다. 페덱스와 같이 특송 업체를 쓰더라도 배송 추적이 끝까지 제대로 안 되거나 현지 통관 문제로 인해 반품 및 미수령 사고가 빈번하다. 한 번은 멕시코로 보낸 소형 전자제품이 한 달 넘게 도착하지 않아 바이어가 "상품을 못 받았다"라고 클레임을 제기했고, 나는 수취인이 통관 과정에서 내용 소명이나 자료 제출에 소극적이었다는 것을 내세워 대응했지만, 결국 환불이 진행되었다. 이런 일들이 몇 번 반복되면 왕복 배송비를 손해 볼 뿐만 아니라 계정 퍼포먼스에 악영향을 준다.

그래서 나는 문제없이 판매가 가능한 국가에 먼저 집중하기로 전략을 수정했다. 먼저 알아두어야 할 것이 이베이 규정상, 물품이 도착 국가의 세관에 도착하면 기본적으로 그 통관 업무는 수취인의 책임이다. 세금 코드 같은 개인정보가 들어가기도 하고, 세부적인 통관 정보를 셀러가 알 수 없기 때문이다. 하지만 결국 셀러가 적극적으로 나서야 해야 하는 이유는 수취인이 결과적으로 상품을 받지 못하면, 그것이 어떤 사유에서이든 간에 셀러가 환불을 해줘야 하기 때문이다. 결국, 통관이 되지 않으면 바이어는 돈을 환불받아 가고, 셀러는 상품을 돌려받기 위해 왕복 배송비를 모두 떠안아야 하고, 그 과정에서 바이어 불만까지 생기기 때문에 통관 과정에서 문제가 생기면 적극적으로 개입해 돕는 수밖에 없다.

그래서 통관이 느리고 까다로운 국가인 남미, 몽골, 내몽고 지역, 그리고 아프리카 국가들은 모두 배송 가능 국가에서 제외했다. 반품 사기가 빈번한 일부 동남아 국가 필리핀 등도 배송 가능 국가에서 제외했으며, 레바논, 이란 등과 같이 내전국가들도 모두 제외했다. 나의 결론은 통관 문제가 덜한 국가의 판매에 집중하는 것이 혼자 일하는 나의 상황에는 더 적합하다는 것이었다. 통관 업무 대응이나, 통관 과정을 서포트하는 과정에서 구매자와의 커뮤니케이션 대응에도 시간이 많이 소요되기 때문에 나의 업무시간을 효율적으로 사용하기 위한 조치였다.

또한, 언어적 장벽도 고려할 필요가 있다. 예를 들어, 남미나 중동 등 영어 사용 비율이 낮은 국가에서는 메시지 응대나 상품 설명에 대한 오해가 발생하기 쉬웠다. 번역기를 활용해도 한계가 있고, 문화적인 차이로 인해 대응이 길어지는 경우도 많았다. 이런 국가들은 판매를 아예 막기보다는, 자주 클레임이 들어온 상품은 제한적으로 노출시키는 식으로 운영하고 있다.

이베이는 전 세계 판매를 지원하지만, 셀러가 모든 국가에 대응할 준비가 되어 있지 않다면 오히려 손해를 볼 수 있다. 현지 세관 문제, 반품 배송비 부담, 언어와 문화 차이에서 오는 오해 등은 '전 세계 판매'라는 장점 뒤에 숨은 현실적인 부담이다. 그렇기 때문에 모든 국가에 열어두는 것보다, 나에게 유리한 국가를 선별해 집중하는 전략이 장기적으로 더 효과적이다.

실제로 판매 국가를 정리한 이후, 분쟁 건수는 확연히 줄었고, 메시지 응답도 훨씬 효율적으로 관리할 수 있게 됐다. 무엇보다 계정 점수가 안정되면서 상품 노출도 꾸준히 유지되고 있다. 처음에는 클레임이 좀 있긴 하지만 매출이 나오는 나라인데 그것을 포기하는 것이 쉽지 않았다. 하지만 시간이 지나고 보니 통관이나 클레임 업무에 사용하던 시간을 상품 소싱이나 제품 단가 경쟁력 확보에 더 투입할 수 있게 되면서 줄어든 매출보다 훨씬 더 많은 매출이 새로 발생했다. 물론 내가 더 많은 인력을 투입해서 전 세계 배송을 하면서 통관 업무들을 다 처리하고 그곳에서 발생하는 매출들도 모두 흡수를 해서 결과적으로 더욱 큰 매출성장을 이뤄내면 더 좋은 것이 아닌가라고도 생각할 수 있을 것이다. 하지만 나는 큰 조직을 이뤄 본 적이 없었고 작은 조직에서 최선의 효율을 발휘하고 싶었기 때문에 위와 같은 방법을 선택했다.

이베이는 나에게 판매 기회를 넓혀주지만, 그 기회를 어떻게 좁혀서 활용할지는 셀러의 선택이다. 모든 바이어가 내 고객일 필요는 없다.

나에게 맞는 국가, 내가 책임질 수 있는 범위에서 안정적인 운영을 하는 것이 결국 계정을 지키고, 매출을 유지하는 가장 현실적인 방법이다.

5

해외 바이어는 어떤 사람들인가?
(국가별 바이어 특성 설명)

이베이에서뿐만이 아니라 해외로 판매를 하다 보면 나라별로 바이어들의 성향이 제법 다르다는 걸 알게 된다. 물론 기본적으로 각 구매자다가 성향이 다르고, 또 플랫폼마다 구매자들의 성향이 조금씩 다르기도 하다. 예를 들어, 이베이는 조금 더 위험 부담을 감안하더라도 가격이 저렴한 상품을 찾아서 오는 구매자가 있고, 다소 비싸더라도 온전히 플랫폼의 보호 안에서 상품을 구매하고 싶은 경우에는 아마존에서 구입을 하는 경우가 많다.

추가적으로 같은 상품이라도 국가마다 바이어들의 질문 방식이 다르고, 반품 요청의 태도도 다르며, 피드백을 남기는 기준조차 제각각이다.

처음엔 이런 차이가 당황스러웠지만, 시간이 지날수록 그 흐름을 알게 되었고, 국가별로 적절한 응대 방식을 나름대로 체득하게 됐다.

가장 먼저 접하게 되는 나라는 단연 미국이다. 이베이의 메인 마켓이자, 내 전체 판매의 60% 이상을 차지하는 국가이기도 하다.

미국 바이어들은 전반적으로 구매 결정을 빠르게 내리는 편이고, 상품이 마음에 들면 별다른 문의 없이 곧바로 구매를 진행한다. 하지만 동시에 반품 비율도 높은 편이다. 특히 '단순 변심'으로 인한 반품이 적지 않다. 이럴 경우 감정적으로 대응하기보다는, 이베이 정책에 따라 차분히 반품 프로세스를 안내하는 것이 가장 깔끔한 해결책이다. 미국 바이어는 '서비스가 매끄럽고 친절했는가'를 중요하게 여기기 때문에, 대응 속도와 정중한 어조가 중요하다. 개인적으로는 쉬운 반품 서비스가 더 쉬운 구매를 이끌어 낸다고 생각한다. 사보고 마음에 안들면 반품을 하면 되니까. 그러니 일단 구매를 유도하고 기대 이상의 서비스와 상품을 제공하면서 반품률을 줄일 수 있다면 미국 시장은 최고의 시장이 될 것이다. 대신에 상품 설명이 부정확하고 불편한 점을 가리면서 상품을 판매하는 것에만 급급하다면, 당장 매출은 나올지 모르나 많은 반품이 당신을 기다리고 있을 것이다.

영국과 캐나다는 미국과 비슷한 시스템을 공유하지만, 전체적으로 응대가 훨씬 부드럽고 반품 빈도도 상대적으로 낮은 편이다. 특히 영국 바이어는 상품 설명을 꼼꼼히 읽고, 이해한 뒤에 주문하는 경우가 많다. 문의가 들어올 때도 명확한 목적을 가지고 질문하는 경우가 대부분이어서, 템플릿화 해서 정리해놓은 답변들이 효과적으로 작동한다. 반품이 들어오더라도 비교적 온건하게 처리되는 편이라 운영하기에 안정적인 시장이다. 화가 많지 않다.

유럽 대륙 쪽은 국가별로 분위기가 다르다. 독일 바이어는 전형적으로 꼼꼼하고 정확한 것을 선호한다. 설명이 모호하거나 사양이 불명확한 상품은 구매로 이어지지 않는 경우가 많고, 불만이 있을 경우에도 조용히 반품을 진행한다. 대신 서비스가 만족스러우면 후기로 보답해 주는 경향이 뚜렷하다.

그리고 영국과 캐나다를 포함해 유럽 국가들은 수입 관세율이 매우 높다. 최근에는 구매자가 결제를 할 때 세금을 함께 결제하고 결제 코드를 바로 기재하는 경우도 있으나 어떤 경우는 세금 결제 코드가 없기 때문에 이럴 때는 미리 구매자에게 세관 통관 과정에 대해 설명을 하고 동의를 구한 후에 제품을 발송하는 것이 안전하다. 대부분의 영국, 캐나다 바이어들은 미리 설명을 하면 다소 세금이 발생하더라도 수긍을 하고 납부를 바로 하는 편이다.

호주는 한국과 시차가 비슷한 편이라 메시지 응대가 빠르게 이루어질 수 있다는 장점이 있다. 바이어 성향도 미국과 유사하지만, 상대적으로 느긋한 분위기를 가지고 있어 작은 배송 지연에는 유연한 편이다. 대신 시드니와 같은 대도시 지역이 아니라 내륙 사막 지역일 경우 배송이 예상보다 꽤나 더 많이 걸릴 수 있으니 이 점에 대해서는 미리 설명하는 것이 좋다.

아시아 지역에서, 일본 바이어는 가격과 품질에 매우 민감하고, 피드백 작성률도 높은 편이다. 좋은 경험을 하면 성실한 후기로 보답하는 반면, 불만족스러운 경험이 있을 경우에는 상세한 불만을 그대로 피드백에 남긴다.

그리고 필리핀 지역은 조심하시라고 꼭 설명을 드리고 싶다. 이전 챕터에서 필리핀 지역으로는 발송을 하지 않는다고 설명을 했는데, 이것은 필리핀 바이어들의 특성 때문이다. 상품을 발송

했는데도 못 받았거나 다른 상품을 받았다고 클레임을 여는 구매자의 비율이 유독 높은 지역이었다. 이유는 알 수 없으나, 다른 아시아 지역에 비해 클레임율이 유독 높아서 개인적으로는 득보다 실이 많은 지역이라고 생각한다.

그 외에 중동 국가(사우디아라비아, UAE, 이스라엘)는 비교적 운영 난이도가 높은 편이다. 상품의 종류에 따라 세관검사가 필요한 경우가 잦고, 영어를 잘 못하는 구매자가 많아서 커뮤니케이션 오해가 발생할 가능성도 높다. 이들 국가에는 고가 상품이나 민감한 제품은 등록을 제한하는 것이 좋고, 판매를 하더라도 추적 가능한 배송 옵션을 활용하는 것이 안전하다. 개인적인 경험으로는 이스라엘이 참 독특한 나라였다. 유대교를 믿는 나라라서 그런지 무턱대고 빈 박스를 받았다는 사기꾼은 없다. 하지만 원리원칙을 굉장히 강조하던 곳이라 기억에 남는다. 예를 들어 실수로 100불짜리 제품을 10불에 등록을 했고, 그 사이에 이스라엘 바이어가 상품을 결제했을 경우, 보통 다른 바이어들은 상황을 설명하면 이해를 하고 주문 취소에 동의를 했다. 하지만 이스라엘 바이어는 10불에 등록된 제품을 10불에 샀으니 무조건 그 상품을 보내 달라고 하는 느낌이다. 이스라엘 바이어와 대화할 때는 실수하지 않게 항상 조심하는 것이 좋다.

무조건 피할 필요는 없지만, 판매 국가나 상품을 늘리고자 할 때는 리스크를 관리할 수 있는 준비가 된 이후에 접근하는 것이 좋다.

결론적으로, 바이어는 '국가'라는 큰 프레임 속에서 어느 정도 성향이 나뉘지만, 판매자 입장에서는 그 흐름을 읽고 대응 전략을 맞추는 것이 중요하다.

어떤 나라에서든 중요한 건 '빠르고 정확한 대응', '정확한 설명', '친절한 응대'다.

그러면 언어가 조금 부족해도, 문화적 차이가 있어도, 그 성실함은 반드시 통한다.

이베이 셀러로 오래 활동하면서 느낀 점은 이거다.

국가가 다르고 언어가 달라도, 결국 사람과 사람이 거래하는 것이라는 사실은 변하지 않는다.

그 마음으로 대응하면, 어떤 나라 바이어든 결국 좋은 고객이 된다.

ebay

6

팔면 안 되는 물건을 아는가?
(무역 장벽, 수입금지 품목 등)

무엇을 팔지 고민하는 것만큼이나, 무엇을 팔지 말아야 하는 지도 중요하다.

이베이는 전 세계로 판매가 가능한 플랫폼이지만, 국가별로 통관, 수입, 판매에 관한 법률이 다르기 때문에 나라마다 맞춰야 하는 것도 많아진다. 그리고 이베이의 'VeRO' 라는 지적재산권 보호장치가 있어, VeRO 프로그램으로 보호받는 상품들은 등록에 신중해야 한다. 이걸 모르고 상품을 등록했다가는 판매 정지,

계정 제한, 환불 손해까지 감수해야 할 수도 있다.

나도 처음에는 이런 규정을 제대로 알지 못해 낭패를 보는 일이 많았다. 한국에서는 아무 문제 없이 유통되는 제품인데, 이베이에 등록하자마자 삭제됐고, 계정에 경고까지 받았다. 이유는 그 제품이 특정 국가에서는 허가 없이 판매할 수 없는 품목이었기 때문이다. 그때 처음 '팔면 안 되는 물건'의 범위가 꽤 넓고, 생각보다 자주 셀러를 곤란하게 만든다는 걸 실감했다.

이베이에서 가장 민감하게 관리하는 품목군은 다음과 같다.

무기류, 폭발물, 성인용품, 위조품, 의약품(의료기기도 포함), 동물성 식품, 야생동물 관련 제품 등이 대표적이다. 이런 제품은 이베이 정책상 등록 자체가 금지되어 있거나, 특정 국가 수출 시 명확한 인증 문서가 없으면 판매 불가로 처리된다.

특히 위조품은 이베이에서도 가장 빡빡하게 다루는 항목이다. 정품 여부를 명확히 증명하지 못하면, 계정은 즉시 정지되거나 심사 대상에 오르게 된다. 예전에는 브랜드 키워드만 제목에 넣었을 뿐인데도 위조품 오해를 받아 리스트가 내려간 적 있다. 그래서 브랜드 상품을 다룰 땐 영수증, 구매 내역, 공식 인증 경로를 명확히 증빙해둘 필요가 있다.

두 번째로 주의할 점은 국가별 수입 제한 품목이다. 예를 들어 리튬 배터리가 포함된 전자기기, 미용 보조기구, 성분 표시가 없는 건강식품, 와이파이 6.0이 포함된 모든 제품 등은 특정 국가에서 수입이 금지되거나 별도의 등록이 필요한 경우가 많다.

예전에 리튬 배터리 팩을 호주로 보냈다가 항공 운송 제한에 걸려 반송된 적도 있었고, 미국으로 녹용 성분이 포함된 홍삼을 보냈다가 어떤 사슴의 성분인지 학명을 제출하라고 해서 곤란했던 적도 있다. 레이저 거리측정기를 중동으로 보냈다가 레이저 세기가 규격을 초과한다고 해서 통관이 반려된 적도 있고, 대만으로 WIFI 6.0 기능이 있는 모든 휴대폰, 노트북 등의 전자기기는 통관이 아예 거부 된다는 것도 당해보고 나서야 알게 되었다.

또한 이슬람권 국가나 일부 동남아 국가에서는 종교적 기준에 따라 특정 성분이나 용도를 가진 제품이 금지된다. 돼지 성분이 포함된 식품이나 성인용 제품, 알코올 함유 제품 등이 해당된다. 이베이는 전 세계 바이어를 대상으로 하다 보니, 문화적 민감성도 판매 전략에 포함되어야 한다.

특정 국가의 수입 정책은 시간이 지나며 바뀌기도 한다. 2020년대 들어서 보호무역주의가 다시 강조되어 계속해서 무역 장벽이 생기고 있다. 특히 올해는 트럼프 대통령이 전 세계 국가를 대상으로 관세를 올리고 있고, 여기에 대응하는 국가들도 여럿 생기고 있다. 이미 테무와 쉬인에서 미국으로 발송하는 것은 막힌 상태이고, 한국의 셀러들도 높아진 무역 장벽을 실감하며 상황이 나아지기를 기다리고 있다.

하지만 지금처럼 무역 장벽이 생기더라도 소비자의 근본적인 수요가 줄어들지는 않는다. 아직까지 B2C 기반의 유연한 소규모 회사들은 돌파구를 만들 여지가 충분히 있기 때문에 걱정하지 말자. 어떻게 뚫든 자그마한 무역 창구만 만들면 이 거친 세상에서 충분히 먹고 살 길이 보일 것이다.

상품을 등록할 때부터 이런 위험들을 인지하고 있다면, 전략적으로 판매 국가를 제한할 수도 있다. 고가의 정밀 전자제품은 처음 판매를 시작할 때는 통관 안정성이 높은 미국·영국만 대상으로 설정하고 차차 판매 국가를 늘려가는 식이다. 그리고 통관 이슈의 여지가 적은 소비재 위주의 액세서리나 의류는 처음부터 유럽과 동남아에도 모두 노출해 판매하는 식이다.

이베이 Shipping Policy 설정을 활용하면 국가별 배송 가능 여부, 수수료, 반품 정책까지 상세히 설정할 수 있어서 유용하다.

또 한 가지 중요한 건, 상품 설명에 사용하는 단어다. '의료 효과', '치료' 같은 표현은 의료기기 혹은 의약품으로 간주되어 자동

필터링에 걸릴 수 있다. 그리고 기능성 화장품 같은 경우에도 한국에서의 설명을 그대로 번역해서 상품 설명에 기재하면, 과대 광고 혹은 증명되지 않은 효과라고 오해를 받기도 한다. 상품 자체는 문제없어도, 설명 때문에 제재 대상이 되는 경우다. 따라서 설명은 효능이나 주관적 표현보다 성분과 기능 중심의 객관적인 언어로 작성하는 것이 안전하다.

이베이에서의 금지 품목 관련 리스크는 단 한 번의 실수로도 계정을 흔들 수 있다.

계정은 판매 실적만큼이나 귀중한 자산이다.

신뢰를 기반으로 쌓은 계정을 지키기 위해선 팔지 말아야 할 것들에 대한 감각도 함께 키워야 한다.

모든 상품이 다 팔리는 시대는 끝났다.

이제는 무엇을 피하고, 무엇에 집중해야 하는지를 아는 셀러가 이긴다.

7

플랫폼에
소중한 존재가 되자

오랫동안 이베이에서 셀러로 활동하면서 체감하게 되는 것이 있다. 단순히 판매 실적이 많은 것보다 중요한 것은 플랫폼이 나를 어떻게 바라보느냐는 점이다. 동일한 상품을 팔더라도, 어떤 셀러는 특별한 안내나 지원을 받지 못하고 묻히는 반면, 어떤 셀러는 전담 매니저의 연락을 받고, 새로운 정책이나 기회에 대해 미리 안내받는다. 이 차이는 단기간의 판매량보다 '신뢰할 수 있는 셀러인가'라는 플랫폼의 인식에서 비롯된다. 왜냐면 플랫폼과 셀러는 상호 간의 신뢰 관계가 중요하기 때문이다.

이베이는 수많은 판매자와 바이어가 동시에 활동하는 글로벌 마켓플레이스다. 수많은 나라, 다양한 스타일의 고객이 섞인 이 플랫폼 안에서 안정적으로 거래를 이어가고, 고객 만족도와 계정 상태를 꾸준히 유지하는 셀러는 플랫폼 입장에서 소중한 자산일 수밖에 없다. 즉, 이베이에게 '소중한 존재'가 되기 위해 필요한 조건은 명확하다. 플랫폼의 정책을 따르고, 바이어와 트러블 없이, 성실하게 운영하며, 플랫폼과 고객 모두에게 신뢰를 주는 셀러가 되는 것이다.

내가 처음 이베이를 시작했을 땐, 이런 개념조차 몰랐다. 계정 점수보다는 상품 판매에 급급해서 무리한 가격 경쟁을 하고, 수수료를 줄이기 위해 직거래를 유도하다가 경고를 받기도 하고, 문의가 와도 구매 문의 관련 메시지에만 먼저 답변하고, 클레임이나 반품 요청에도 겨우 계정이 최하 등급으로 떨어지지 않게 응대하는 것이 전부였다. 하지만 판매가 일정 수준을 넘으면서 나도 이베이에만 집중하게 되었고, 계정 상태가 꾸준히 안정되자 조금씩 변화가 생겼다. 이베이로부터 새로운 정책이 적용되기 전에 안내 메일이 도착하고, 판매 관련 인사이트를 담은 리포트가 주기적으로 제공되기 시작했다. 여기까지 5년이 넘게 걸린 것 같다.

그리고 개인적인 가장 큰 변화는 담당 매니저가 생긴 것이었다. 단순한 고객센터가 아니라 내 계정의 상태와 운영 방식에 대해 이해하고 있는 사람이 생긴 것이다. 문제 상황이 생겼을 때 연락할 수 있는 창구가 생겼다는 건, 운영 안정성 측면에서 매우 큰 차이다. 이전에는 한 가지 문제를 해결하기 위해 여러 번의 고객센터 메시지를 주고받아야 했다면, 지금은 한 번의 이메일로 빠르게 조율이 가능하다. 나의 상황을 두 번 세 번 설명해야 할 필요가 없어졌기 때문이다.

그렇다고 해서 누구나 담당 매니저를 배정받는 것은 아니다. 플랫폼의 기준은 분명하다. 셀러 레벨을 TR 계정으로 유지하고, 본인이 설정한 배송 기한을 성실히 지키고, 바이어 메시지에 빠르게 응답하며, 반품이나 분쟁이 생겼을 때 규정에 맞게 처리하는 것. 특별한 기술이나 전략이 필요한 것이 아니라, 기본적인 운영 원칙을 얼마나 성실하게 지키느냐가 핵심이다. 이베이는 이 모든 기록을 지표로 관리하고, 일정 기준을 충족한 셀러를 체계적으로 선별해 관리한다.

이베이에서 오랫동안 판매를 하고 있는 판매자의 입장에서, 이베이에서 '좋은 셀러'로 인식되는 것은 매우 중요한 자산이 된다. 첫 번째로 계정 안정성이 보장된다는 뜻이고, 보이지 않는 계정 정지로 인한 사업 불안정성이 해소된다는 뜻이다. 문제가 생기더라도 나와 이베이 본사 사이에서 나의 입장을 어필해 줄 수 있는 매니저가 생긴 것. 나는 이것이 가장 큰 장점이라고 생각한다. 또한, 잘 키운 훌륭한 계정은 곧 노출 우선순위, 새로운 기능에 대한 접근 기회로 이어진다. 특정 셀러들을 위한 프로모션이나 광고 혜택이 제공되기도 하고, 제품 카테고리별 추천이나 운영 가이드도 훨씬 체계적으로 안내받게 된다.

플랫폼은 셀러와 함께 성장한다. 셀러의 판매가 늘어나면 이베이도 함께 수수료 수익이 늘고, 바이어 경험이 좋아지면 플랫폼에 대한 신뢰도도 올라간다. 그렇기 때문에 이베이는 '잘하는 셀러'를 보호하려 하고, 그들이 떠나지 않도록 지원한다. 우리가 그 대상이 되려면, 일관된 신뢰와 성실한 운영이 바탕이 되어야 한다.

결국, 중요한 것은, 판매자의 지속적이고 꾸준한 계정관리와 판매관리이다. 계정 점수를 포기하더라도 단기간에 높은 매출을 추구하는 식의 판매 방식보다, 문제없는 거래를 계속해서 쌓아가고, 변화하는 정책에 빠르게 적응하며, 바이어와의 커뮤니케이션에서 신뢰를 잃지 않는 것. 이 작은 노력들이 쌓이면 어느 순간 나만 이 플랫폼을 붙들고 절절매는 것이 아니라 플랫폼 또한 손을 내밀고, 함께 가자는 제안을 해오게 될 것이다.

이베이는 셀러를 감시하는 곳이 아니라, 함께 파트너십을 만들어가는 곳이다. 플랫폼 안에서 목소리를 낼 수 있는 셀러가 되고 싶다면, 지금부터라도 내가 그만한 자격을 갖춘 운영을 하고 있는지 돌아볼 필요가 있다. 꾸준히, 성실하게, 문제없이. 이것이 이베이에서 진짜 '소중한 존재'가 되는 셀러의 조건이다.

북큐레이션 • 당신의 마인드와 비즈니스를 새롭게 바꿀 라온북 추천 실용도서

《생초보 이베이 하루만에 끝장내기》와 읽으면 좋은 책. 사업과 매출의 점프업을 원하는 당신에게
최고의 멘토가 되는 라온북의 도서를 소개합니다.

홈페이지를 스스로 만드는 필살기

생초보 워드프레스 하루만에 끝장내기

이상원 지음 | 29,000원

**개인 창업, 개인 브랜드화의 시대가 도래했다.
홈페이지를 스스로 만드는 워드프레스의 비법을 알아보자.**

워드프레스는 아직 다른 프로그램에 비해 많이 알려져 있지 않지만, 잘만 운영하면 가장 있어 보이는 홈페이지를 만들 수 있다. 또 검색 엔진 최적화(SEO)까지 적용할 수 있어 쓸모가 상당하다. 이렇게 괜찮은 도구를 더 많은 사람들이 사용해 더 멋진 홈페이지를 최소한의 비용과 시간으로 만들었으면 좋겠다. 마음대로 되는 것 하나 없는 세상에서 홈페이지 정도는 내 마음대로 할 수 있다면 인생이 조금 더 행복해질지도 모르지 않을까. 여기에 프로그램 하나를 다룰 줄 안다는 뿌듯함은 보너스가 될 것이다. 이 모든 목적을 달성할 수 있는 자세한 정보를 이 책 한 권에 담았다.

성공적인 글로벌 시장 진출의 동반자 쇼피파이

생초보 쇼피파이 하루만에 끝장내기

이동준 지음 | 25,500원

**판이 바뀌는 이커머스 시장,
당신은 어떤 준비를 하고 있나?**

쇼피파이는 '아마존의 대항마'라고 일컬어진다. 입점형 마켓플레이스와 달리 셀러들에게 개별적인 스토어 구축은 물론 판매, 결제, 배송, 고객 관리, 마케팅 등 세일즈에 필요한 모든 기능을 원스톱으로 제공한다. 쇼피파이는 전 세계 셀러들의 극찬을 받고 있으며, 쇼피파이 스토어들의 연합은 강력하고 쇼피파이가 제공하고 있는 지원은 파워풀하다. 이 책을 통해서 독자들은 쇼피파이로 글로벌 스토어를 구축해서 안정적인 수익을 만들 수 있음은 물론이고, 더 나아가 쇼피파이의 다양한 기능들을 활용하여 향후 쇼피파이 전문가, 수출 전문가가 나올 것이라 믿어 의심치 않는다.

살아남는 비법을 알려주는
임사부 창업 노트

임승현 지음 | 17,000원

실전 경험에 기반한 사업 노하우!
빠른 실행력으로 무장한 창업 멘토의 조언!

창업의 고수는 경영학과 교수님일까, 아니면 숱하게 창업을 해보고 실전 경험을 쌓은 창업가일까? 현대그룹의 창업주 고 정주영 회장이 생전에 가장 자주했다는 "이봐, 해봤어?", 롯데그룹의 창업주 신격호 회장이 생전에 가장 자주했다는 "거기 가 봤나?"라는 말 속에는 바로 이 질문에 대한 정답이 들어 있다. 체험과 실전을 능가하는 교육은 세상에 존재하지 않는다.
이 책《살아남는 비법을 알려주는 임사부 창업 노트》는 그런 면에서 가장 단순한 창업의 지혜를 알려주는 모범답안이자, 가장 솔직하고 내밀한, 저자만의 가르침을 담고 있는 창업 안내서이다.

100배 매출 초(超)돌파!

스타트업
네버 마인드

이근웅 지음 | 19,000원

스타트업 창업자들이여! 목숨 걸고 투쟁해서
내 것을 쟁취하는 사자 같은 삶을 살아보자.

이 책은 이처럼 들끓고 있는 마음에 잠시나마 열을 식히고 차가운 이성과 냉정한 두뇌를 돌려주며, 뜨거운 심장을 더욱 뜨겁게 달구는 역할을 할 것이다.
소위 '사장님 놀이'나 몇 달 하다가 때려치울 생각이 아니라면 목숨 걸고 진짜 철저하게 준비해야 한다. 그것만이 폐업률 66.2퍼센트를 뚫고 살아남을 방법이다. 그 정답과 경험이 이 책《스타트업 네버 마인드》속에 녹아 있다.

차가운 이성과 뜨거운 심장으로 싸워라